MAQUIAVEL
FILÓSOFO DO PODER

Ross King

MAQUIAVEL
FILÓSOFO DO PODER

COLEÇÃO BREVES BIOGRAFIAS

Tradução
Joel Macedo

Copyright © 2007 by Ross King

Todos os direitos desta edição reservados à
EDITORA OBJETIVA LTDA.
Rua Cosme Velho, 103
Rio de Janeiro — RJ — CEP: 22241-090
Tel.: (21) 2199-7824 — Fax: (21) 2199-7825
www.objetiva.com.br

Título original
Machiavelli, Philosopher of Power

Capa
Ventura Design

Copidesque
Julia Michaels

Revisão
Joana Milli
Lilia Zanetti
Bruno Fiuza

Editoração eletrônica
Abreu's System Ltda.

CIP-BRASIL. CATALOGAÇÃO-NA-FONTE
SINDICATO NACIONAL DOS EDITORES DE LIVROS, RJ
K64m

      King, Ross
         Maquiavel : filósofo do poder / Ross King ; [tradução Joel
Macedo]. - Rio de Janeiro : Objetiva, 2010.
         -(Breves biografias)

      247p.   ISBN 978-85-390-0040-1
      Tradução de: *Machiavelli : philosopher of power*

      1. Machiavelli, Niccolo, 1469-1527. 2. Cientistas políticos
- Florença (Itália) - Biografia. 3. Intelectuais - Florença (Itália)
- Biografia. 4. Estadistas - Florença (Itália) - Biografia. 5. Itália
- Polítca e governo - 1268-1559. I. Título. II. Série.

09-6066.   CDD: 923.2
                                 CDU: 929.32

Para Christopher Sinclair-Stevenson

I

Um inseto novo e estranho surgiu na campina à margem do rio Arno, em Florença, no verão de 1498. Essas lagartas de corpo dourado tinham uma face humana — nariz e dois olhos —, enquanto na cabeça se via uma auréola dourada e uma pequena cruz. Rapidamente, ficaram conhecidas como as "lagartas do frei Girolamo".

"Frei Girolamo" era Girolamo Savonarola, um carismático frade dominicano de olhos verdes, natural de Ferrara, que nos seis anos anteriores tinha dominado a vida espiritual e política de Florença com seus sermões de fogo e enxofre. Em 1498, entretanto, seu poder hipnótico sobre a cidade havia sido destruído. Excomungado pelo papa Alexandre VI no verão de 1497, ele foi enforcado na praça principal da cidade menos de um ano depois, na manhã de 23 de maio de 1498, como punição por, nas palavras de um cronista, "ter incitado discórdias em Florença e disseminado doutrina que não era completamente católica".[1] Arrancado do patíbulo, seu corpo foi queimado na fogueira; em seguida, as cinzas foram atiradas da Ponte Vecchio sobre as águas do Arno, escorrendo rio abaixo para o lugar onde, poucas semanas depois, as lagartas apareceram misteriosamente.

Savonarola não foi o único "acidente" em Florença em maio de 1498. Dois padres dominicanos foram enforcados ao lado dele, enquanto outros seguidores de Savonarola — conhecidos por seus adversários como *piagnoni* (resmungões) — tiveram destino igualmente desagradável. O aliado político mais poderoso do frade, Francesco Valori, foi assassinado com um golpe de foice; a flecha de uma besta matou a esposa de Valori. Dezenas de outros *piagnoni* foram multados ou tiveram os direitos políticos cassados, e muitos frades do mosteiro de San Marco, onde Savonarola servia como superior, foram mandados para o exílio. Até mesmo o sino de San Marco, apelidado de *resmungão*, não escapou do ataque: foi arrancado da torre e após ter recebido chicotadas em praça pública também foi varrido de Florença.

A retaliação atingiu os altos escalões do governo, como a Signoria — conselho dirigente da cidade —, iniciando um expurgo imediato dos simpatizantes de Savonarola de seus cargos. Todos os dez membros do *Dieci di Libertà e Pace* (Dez da Liberdade e da Paz) que cuidavam da política externa foram exonerados, assim como os oito homens que compunham o *Otto di Guardia* (Oito da Guarda), comitê encarregado da justiça criminal. Também perdeu o emprego um oficial da chancelaria chamado Alessandro Braccesi. Seu substituto foi um iniciante na política, de 29 anos, chamado Nicolau Maquiavel. Vinte e nove — a idade de votar — era muito pouca idade para alguém ocupar um cargo de tamanha importância. Muitos rapazes em Florença viviam sob a autoridade dos pais até 24 anos, e alguns não obtinham a maioridade legal antes dos 28. Maquiavel, porém, compensaria sua juventude e inexperiência com um intelecto excepcional e uma educação impecável, além de muita energia e ambição.

Maquiavel nasceu em Florença em maio de 1469, como primogênito de Bernardo Maquiavel, e de sua esposa Bartolomea. "Eu nasci na pobreza", ele escreveria mais tarde, "e muito cedo aprendi a economizar em vez de gastar".[2] Como muitas coisas que ele escreveu, essa confissão parece um tanto exagerada. Sua mãe descendia de uma família tradicional e respeitada, enquanto seu pai vinha de um clã próspero que por muitas gerações foi proprietário de grandes quantidades de terra nas colinas onduladas cobertas de vinhedos, ao sul de Florença. É verdade que Bernardo Maquiavel não chegava a ser um homem rico. Certa vez, ele descreveu a si mesmo numa declaração de imposto como sendo alguém "sem ocupação lucrativa".[3] Mas morava numa casa ampla no bairro de Santo Spirito, em Florença, próximo a ponte Vecchio, e possuía uma fazenda fora de Florença na localidade de Sant'Andrea in Percussina, repleta de vinhedos, pomares de maçã, olivais e animais de criação. Suas propriedades no campo, mais adiante, incluíam uma taberna e um açougue.

Bernardo Maquiavel se preparou para uma carreira jurídica, mas consolidou-se como tabelião. Entretanto, gozava de reputação em Florença como um cérebro jurídico de primeira. Tornou-se amigo do chanceler de Florença, um acadêmico eminente chamado Bartolomeo Scala, que o recrutou como um especialista em leis, em 1483, para a elaboração do tratado *Diálogo sobre Leis e Julgamentos Legais*. Porém, o traço mais marcante de Bernardo era a paixão pelos livros. Sua educação formal o teria levado a estudar latim, aperfeiçoar a caligrafia e aprender como redigir testamentos e contratos de negócios e matrimônio. Sua mente se dirigiu com mais intensidade para os assuntos humanos do que aquela papelada toda poderia sugerir, e, em 1470, ele estava imerso na literatura clássica. O tratado de Scala pode ter-lhe feito bem ao apresentá-lo a autores como Platão, Justino, Cícero e Lactanius. Bernardo adquiriu para sua biblioteca pessoal, às vezes a custo muito alto, edições de autores como Livy e Macrobius; e quando não podia comprar os livros, pegava emprestado de instituições como a biblioteca do convento de Santa Croce. Uma de suas relíquias mais queridas era uma edição da *História de Roma* de Livy que ganhara ao compilar um catálogo de nomes de lugares para o impressor florentino da obra. Onze anos depois, em 1486, ele mandou o volume ser encadernado em couro e pagou o encadernador com garrafas de vinho tinto de sua fazenda.

Mas Bernardo não estava sozinho na reverência pelos livros clássicos e pela história. Uma preocupação intensa com a cultura do mundo antigo havia colocado Florença na linha de frente das novas descobertas intelectuais e artísticas — o que mais tarde ficou conhecido como "humanismo", que transferiu a ênfase da teologia para os estudos mais seculares que foram o fundamento da literatura clássica. O mandachuva da Chancelaria Florentina entre 1375 e 1406, um acadêmico chamado Coluccio Salutati, afirmava que os textos clássicos podiam transmitir lições importantes sobre a moral contemporânea e a vida política, lições estas não encontradas na Bíblia. Ele e seus seguidores abordaram os textos dos antigos de uma maneira diferente, tratando-os como se fossem manuais repletos de sabedoria prática sobre a vida diária. Eles acreditavam que as obras dos antigos gregos e romanos poderiam ensinar, entre outras coisas, como educar melhor as crianças, fazer um discurso, tornar-se um bom cidadão ou governar um estado — atividades e ocupações que poderiam fazer uma pessoa (e uma sociedade) feliz e próspera.

Os humanistas ofereceram aos europeus do século XV uma nova maneira de enxergar o mundo e o homem que nele vivia. Eles buscaram inspiração, entre outras fontes, nos filósofos gregos como Protágoras, para quem "o homem é a medida de todas as coisas". Para os cristãos medievais, o governo, as leis e a moral da sociedade eram estabelecidos por Deus, mas para os humanistas do século XV, assim como para os gregos e romanos, essas instituições foram feitas pelo homem e, como tal, eram passíveis de exame e sujeitas a mudança. Embora muitos humanistas fossem cristãos convictos, seus interesses estavam mais nos assuntos humanos do que nos valores transcendentais. Acima de tudo, eles valorizavam o clássico em detrimento da visão cristã da natureza humana: o homem era visto não como corrompido pelo pecado original e necessitado de salvação através da graça de Deus, mas como um ser livre, criativo e autodeterminado, capaz ao mesmo tempo da mais alta razão e da mais rasteira das paixões.

Bernardo parece ter decidido fazer com que seu filho recebesse os benefícios da cultura humanista que brotava em Florença, mesmo que os custos fossem altos. Três dias depois de seu décimo sétimo aniversário, Nicolau começou a aprender latim com um professor do bairro conhecido como Maestro Matteo, que dava aulas numa casa próxima à ponte Santa Trinitá, próximo da residência dos Maquiavel. Em poucos anos, ele estava estudando matemática e escrevendo em latim sob a tutela de um professor mais conceituado, Paolo da Ronciglione. Um mestre de grande reputação, Paolo era amigo e colega do grande acadêmico humanista Cristoforo Landino, autor de um comentário sobre a obra de Dante, publicado em 1481, que impressionou os padres da cidade de Florença a tal ponto — esse era o tratamento respeitoso que os poetas e acadêmicos recebiam naqueles dias — que ele foi presenteado com um castelo.

Maquiavel, então, aparentemente ingressou na instituição em que Landino dava aulas de poesia e oratória, o Studio Fiorentino, uma universidade fundada em 1348, mas transferida para Pisa em 1473. De fato, nada se sabe ao certo sobre a escolaridade de Maquiavel, mas parece seguro acreditarmos que ele floresceu na vibrante atmosfera intelectual do Studio. Maquiavel era uma companhia encantadora. Supõe-se que era fisicamente sem atrativos, de constituição frágil, lábios finos, queixo fraco, bochechas sugadas e os cabelos pretos quase raspados. Porém, tinha uma inteligência aguda e um entusiasmo contagiante; a maioria de seus retratos — embora feitos postumamente — mostra um sorriso irônico emanando de seus lábios. Ainda que fosse um leitor voraz dos clássicos, também se dedicaria a interesses menos elevados como o jogo e a companhia de prostitutas. De acordo com um amigo, ele "abundava em charme e comicidade", enquanto outro contou que suas piadas e senso de humor faziam todo mundo "levantar de seus assentos às gargalhadas". Ficou conhecido como "Machia", um jogo de palavras com *macchia*, significando uma mancha ou uma nódoa: referência aos estragos provocados por sua língua afiada e seu cérebro irreverente.

O Studio teria dado a Maquiavel um fundamento sólido naquele cardápio de disciplinas humanistas como retórica, gramática, poesia, história e filosofia. Um texto que ele parece ter estudado muito, já que copiou à mão o poema de 7.400 linhas, foi *De rerum natura* (Sobre a natureza das coisas), do filósofo romano Lucretius — o único manuscrito do texto havia sido redescoberto e trazido de volta à Florença em 1417. O jovem Maquiavel deve ter se enchido de curiosidade pelo argumento central de Lucretius: que o medo e a superstição religiosa deveriam ser banidos por meio da aplicação da razão e de um estudo profundo da natureza.[4]

Maquiavel se interessava por poesia e filosofia. Três poemas escritos durante sua juventude foram reunidos num livro de poesia ilustrado com desenhos do pintor Sandro Botticelli. O livro inclui também dez poemas de Lorenzo de' Medici (chamado de "o Magnífico"), que tinha sido o governante de fato em Florença, de 1469 — coincidentemente, o ano do nascimento de Maquiavel — até sua morte em 1492. Os Medici eram a família mais rica e poderosa de Florença. O avô de Lorenzo, Cosimo de' Medici, filho do banqueiro mais rico da Europa, fora o verdadeiro senhor de Florença em 1434, após destituir o governo existente. A família então manteve o controle da cidade por seis décadas, respeitando as instituições da república, mas concentrando todo o poder nas mãos de seus adeptos.

Cosimo e Lorenzo haviam sido generosos mecenas das artes, além de sustentarem igrejas e palácios, e financiaram a famosa Academia Neoplatônica que se reunia nos arredores de Florença, na Villa di Careggi. O grau de proximidade entre Maquiavel e os Medici permanece no terreno das conjunturas. Maquiavel parece ter sido, pelo menos por um período, membro do círculo de estudiosos humanistas, artistas e filósofos (um grupo prestigiado que incluía o jovem Michelangelo) mantido por Lorenzo. Um dos poemas de Maquiavel chegou mesmo a ser dedicado a Giuliano de' Medici, filho caçula de Lorenzo, que devia ser um adolescente quando os poemas foram reunidos no princípio da década de 1490. Qualquer que tenha sido a natureza da associação, ela foi dramaticamente interrompida em 1494, quando uma revolta popular contra Piero (conhecido como *Lo Sfortunato*, o Desafortunado), o arrogante e incompetente filho mais velho de Lorenzo, obrigou os Medici a partir para o exílio.

Perto dos 30 anos, Maquiavel tinha encontrado a carreira na qual desenvolveria seus muitos talentos. A política estava em seu sangue. Nos dois séculos anteriores, muitos membros do clã haviam ocupado cargos na vida política de Florença. Nada menos que 13 membros da família Maquiavel tinham chegado em algum momento ou outro ao mais alto cargo da vida cívica, o de *gonfaloniere* (porta-estandarte) da Justiça. A carreira mais marcante havia sido a de Giovanni Maquiavel, um contemporâneo de Dante que foi eleito para cargos altos em várias ocasiões, apesar de ter assassinado um padre e ser acusado de estupro. Os outros Maquiavel que fizeram história foram Francesco e Girolamo, primos de segundo grau de Bernardo: ambos foram decapitados por terem feito oposição ao regime totalitário de Cosimo de' Medici.

Apesar da sina de seu clã, Nicolau parece ter mergulhado com entusiasmo na política nos meses turbulentos antes da queda de Savonarola. No princípio de 1498, ele concorreu ao posto de primeiro secretário da Signoria, uma função que dava apoio administrativo para o conselho diretor da república. Disputando com outros três candidatos, ele não conseguiu votos suficientes, possivelmente devido às suas credenciais antissavonarola.[5] Mas os ventos de mudança sopraram a favor, entregando-lhe o cargo mais cedo do que esperava. Três meses mais tarde, logo depois da morte de Savonarola e da perseguição violenta aos *piagnoni*, ele conseguiu um resultado mais feliz. Em 28 de maio de 1498, o Conselho dos Oitenta, a quem cabia a indicação dos embaixadores da república e de outros oficiais, nomeou-o para o importante e conceituado cargo de segundo chanceler. Pela necessidade de confirmação, seu nome foi enviado para uma assembleia de aproximadamente 3 mil cidadãos conhecida como Grande Conselho do Povo. Lá, Maquiavel encontrou novamente três adversários para o posto, mas, desta vez, em 19 de junho, foi eleito para ocupar o que restava do mandato de dois anos de Alessandro Braccesi. O homem cujo nome se tornaria, séculos mais tarde, sinônimo de governo impiedoso e autocrático, chegou ao poder pela força dos votos, alçado por seus camaradas cidadãos.

Florença, uma cidade com cerca de 50 mil pessoas dentro de seu anel de muros, havia se organizado como uma república no rastro da expulsão dos Medici em 1494. O Grande Conselho do Povo era a pedra fundamental da república, uma assembleia de homens florentinos acima de 29 anos, que detinha o direito de votar sobre legislação e eleger servidores públicos propostos pela Signoria, o braço executivo do governo. A Signoria era constituída por oito *signori* (senhores) e o chefe oficial do governo, o *gonfaloniere* da Justiça. Esses nove homens elaboravam a política da república em harmonia com vários comitês, como o Dez da Liberdade e da Paz e o Oito da Guarda. Toda a correspondência — cartas, relatórios, tratados — era preparada pelos secretários na chancelaria.

A Chancelaria Florentina não era um órgão burocrático comum. Por mais de um século, passaram por lá as mentes mais brilhantes de Florença: poetas, historiadores, mestres de latim e grego. A correspondência oficial do governo, toda feita em latim, era do mais alto nível, com Coluccio Salutati tendo iniciado a prática de redigir os documentos oficiais com citações clássicas e alusões. Esta tradição de excelência literária foi mantida com competência pelo chanceler eleito em 1498, Marcello Virgilio Adriani, um especialista em grego que, além de sua função na chancelaria, dava aulas de poesia e retórica no Studio Fiorentino. O talento de Alessandro Braccesi também havia sido requisitado: ele escrevera três volumes de poesia em latim e traduzira para o italiano a *Historia de duobus amantibus* (ou História de dois amantes), de Aeneas Silvius Piccolomini, um conto de paixão adúltera escrito em 1440 pelo homem que mais tarde se tornaria o papa Pio II.

Por volta de 1498, trabalhavam na chancelaria entre 15 e vinte secretários, quase todos escrivãos ou professores humanistas. Metade ficava sob a supervisão do primeiro chanceler, que cuidava das relações exteriores. Os demais atendiam o segundo chanceler, um posto criado em 1437 para ajudar a lidar com a correspondência do governo, que era cada vez maior. Como segundo chanceler, Nicolau Maquiavel cuidava, pelo menos na teoria, dos problemas domésticos. Entretanto, os chanceleres eram usados pela Signoria, sempre preocupada com os gastos públicos, como representantes enviados para países vizinhos, com alguma autoridade, mas sem a pompa e as verbas de uma verdadeira embaixada. Além disso, o segundo chanceler dava apoio administrativo para os Dez da Liberdade e da Paz, o gabinete que supervisionava as relações internacionais. E, em 14 de julho, com apenas um mês no comando da chancelaria, Maquiavel foi indicado oficialmente como secretário dos Dez, uma posição que o forçaria a trocar a cadeira de sua escrivaninha e os relatórios internos pela sela de um cavalo e por viagens para o exterior, junto com os enviados florentinos e embaixadores. Nicolau estava prestes a ganhar o mundo.

O salário de Maquiavel como segundo chanceler era de 128 florins, uma soma confortável, mas distante do luxo, se comparada à média do que ganhava por ano um artesão conceituado em Florença — entre oitenta ou noventa florins. Ele tinha um número de assessores, entre eles o amigo Biagio Buonaccorsi e um escrivão chamado Agostino Vespúcio, primo do navegador Américo Vespúcio. Todos esses funcionários ocupavam um escritório apertado na ala norte do segundo andar do Palazzo della Signoria, a imponente construção em forma de fortaleza que servia como sede do governo de Florença.* Para che-

---

* Prezando o rigor histórico, eu me refiro a esta construção — hoje conhecida como Palazzo Vecchio — como Palazzo della Signoria, seu nome durante o período de Maquiavel no cargo. Ganhou o nome atual, "palácio velho", quando os Medici compraram o Palazzo Pitti em 1549, e a família abandonou a Piazza della Signoria (que anteriormente usaram como corte), transferindo-se para o "palácio novo" ao lado sul do Arno.

gar a esse escritório era preciso atravessar um salão muito maior, a Sala dei Gigli (salão dos lírios), que servia como sala de jantar dos signori. O salão dos lírios tinha uma decoração sofisticada, incluindo uma porta de entrada em mármore e um forro dourado. A estátua de mármore de Davi, esculpida por Donatello, dominava o ambiente, e as paredes eram decoradas com afrescos de santos do primeiro professor de Michelangelo, Domenico Guirlandaio.

Havia também uma outra peça de decoração no salão dos lírios. Em torno do ano 1400 uma Roda da Fortuna tinha sido pintada sobre uma das portas, acompanhada de um soneto que falava do perigo de se colocar a confiança na volúvel e caprichosa deusa Fortuna.[6] Muitos devem ter considerado este aviso oportuno, depois da destituição dramática de Savoranola e seus seguidores. A sorte, no entanto, parecia estar sorrindo para Nicolau Maquiavel quando, no verão de 1498, ele se preparou para dar seus primeiros passos nos corredores do poder.

II

QUANDO DOMENICO GUIRLANDAIO completou seu ciclo de afrescos sobre a vida de São João Batista na Igreja de Santa Maria Novella em Florença, ele assinou a obra com uma mesura: "No ano de 1490, durante o qual esta mais bela das cidades, famosa por suas vitórias, artes e construções, viveu grande prosperidade, saúde e paz." Esta prosperidade, saúde e paz, no entanto, não duraram muito. Os anos entre a morte de Lorenzo, o Magnífico, em 1492, e a de Girolamo Savonarola, em 1498, tinham sido turbulentos e calamitosos. Uma série de colheitas pequenas, causadas em parte por tempestades e tufões, trouxeram a fome, e na primavera de 1497 os pobres já morriam nas ruas de Florença. Naquele verão, um eclipse do Sol coincidiu com mortes, mais de cem por dia, causadas pela peste e pela febre. A peste já visitava Florença havia um século e meio, e se intensificou no mês da morte de Savonarola. Para tornar as coisas ainda piores, uma nova doença chamada de mal-francês — a sífilis — havia aparecido com força, desfigurando suas vítimas com furúnculos e, em alguns casos, levando à cegueira. A epidemia de sífilis foi, de acordo com um cidadão florentino, Francesco Guicciardini, "tão horrível que merece ser mencionada como uma das mais graves calamidades". Porém, na opinião de muitos, a maior catástrofe que atingiu Florença naqueles anos — na verdade, toda a Itália — tinha sido a invasão da península pelos franceses sob o comando do rei Carlos VIII.

A península italiana nos anos 1490 era uma miscelânea de mais de 12 reinos independentes, ducados, feudos, cidades-estado e repúblicas. Havia, entretanto, cinco poderes predominantes. Os maiores protagonistas no norte eram o Ducado de Milão, controlado pela família Sforza, e a República Veneziana, cujos territórios e influência se estendiam terra adentro a partir de seus canais e lagoas. O Reino de Nápoles, governado nos cinquenta anos anteriores por membros da família real de Aragão, ocupava a terça parte da Itália, ao sul, enquanto a maioria da região central tinha sido tomada pelo Estado Pontifício, uma extensão de terra de cerca de 400 quilômetros governada pelo papa, entre Roma, ao sul, e Bologna, ao norte. O quinto poder principal, Florença, abrangia mais de 5.600 quilômetros quadrados do campo toscano e incluía a cidade de Pisa.

Estes cinco maiores poderes mantinham mais ou menos a paz entre si desde 1454, quando um pacto de não agressão, a Paz de Lodi, foi assinado por seus representantes. Entretanto, o equilíbrio foi abalado pela morte, em 1494, do rei Ferdinando I de Nápoles, conhecido como d. Ferrante. O jovem e ambicioso rei da França logo partiu para a ação, o que gerou seu apelido irônico de Carlos, o Amável. Como bisneto de Luís II, de Anjou, que havia sido coroado rei de Nápoles em 1389, Carlos VIII tinha uma ambição obstinada pelo reino napolitano, que o inescrupuloso duque de Milão, Ludovico Sforza, o incitou a levar adiante. O resultado aconteceu em setembro de

1494 quando o monarca francês, cruzando os Alpes com um exército de mais de 30 mil homens, obrigou todos os poderes italianos a declararem se apoiavam ele ou o filho de d. Ferrante, recém-coroado rei Alfonso II.

Os florentinos deram apoio inicial a Alfonso. Entretanto, a aparição do impressionante exército francês em solo toscano, ocupando com extrema facilidade (e brutalidade) a cidadela florentina de Fivizzano, precipitou uma rápida mudança de lado, pelo menos da parte de Piero, o Desafortunado. Lorenzo, o Magnífico, havia previsto, certa vez, que seu filho mais velho provocaria a queda da casa de Medici por causa de sua negligência e arrogância. Esta previsão se confirmou quando, sem se preocupar em consultar tanto a Signoria quanto o povo, o apavorado Piero ofereceu precipitadamente a Carlos o seu apoio, junto com várias cidadelas florentinas, incluindo a fortaleza de Pisa. Esta rendição covarde enfureceu a população de Florença e, em poucos dias, Piero e sua família foram enxotados para o exílio sob os gritos de "Povo e Liberdade!". O povo florentino tinha conquistado sua liberdade, mas o que havia perdido era quase tão valioso quanto ela: a cidade de Pisa.

Esta perda havia sido para os florentinos a consequência mais humilhante da invasão francesa. Florença governara sua vizinha, uma rica cidade portuária, desde 1406. Em novembro de 1494, Carlos VIII assinara um tratado com os florentinos prometendo devolver Pisa tão logo ele conquistasse Nápoles, mas a restituição estava sendo difícil porque, como um historiador daqueles dias anotou, os habitantes de Pisa eram "hostis por natureza ao controle florentino". O que se seguiu foram vários anos de conflito,

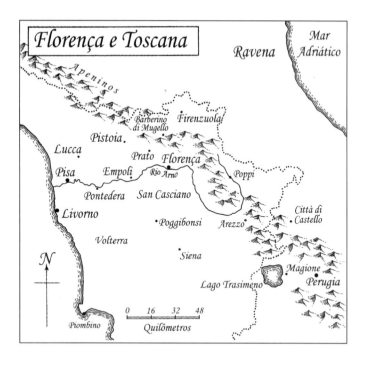

quando os florentinos tentaram sem sucesso retomar sua preciosa possessão. Em maio de 1498, os pisanos venceram os florentinos em San Regolo e, para marcar sua afronta, capturaram Ludovico da Marciano, o chefe militar deles.

Retomar o controle de Pisa era uma das maiores prioridades na agenda da Signoria e dos Dez quando Nicolau Maquiavel ingressou na chancelaria em 1498. O problema se tornara mais agudo pelo fato de Florença não ter um exército próprio, assim como outros estados italianos, e ser obrigada a contratar soldados mercenários das regiões menores e mais pobres para lutar nas suas guerras. Para cidades mercantis como Florença, composta por cidadãos comerciantes e não por guerreiros, estes mercenários, conhecidos como *condottieri*, eram um mal necessário. Mas o problema era que de homens que combatiam por sacolas de dinheiro e não por amor ao país não se podia esperar muita valentia em nome de seus patrões. A conduta indolente, evasiva e ambígua dos *condottieri* era lendária.

Com o infeliz Ludovico da Marciano desfalecendo numa masmorra pisana, os florentinos precisavam de alguém para comandar uma ofensiva militar. Em junho de 1498, eles indicaram como seu novo capitão um renomado *condottiere* chamado Paolo Vitelli, filho de um cruel general de Città di Castello, na região da Umbria. Aos 37 anos, Vitelli já havia guerreado por toda a Itália desde que começara a lutar, com 13 anos. Como muitos *condottieri*, era um guerreiro à moda antiga, que preferia o machado longo e a espada em vez dos mosquetes. Ficara famoso por furar os olhos e amputar os braços dos mosqueteiros capturados na batalha porque se revoltava com as inovações da guerra moderna, em que os combatentes a cavalo podiam ser facilmente eliminados por reles soldados de infantaria portando armas de fogo.

Um mês após a nomeação de Vitelli, a Signoria contratou os serviços de um segundo mercenário, Jacopo d'Appiano, que governava Piombino, no litoral da Toscana, assim como as ilhas de Elba e Monte Cristo. Aos 47 anos, Jacopo d'Appiano era um *condottiere* veterano, tendo combatido no passado em nome de Nápoles, Milão e Siena. Em 1496, ele até guerreara contra Florença nas fileiras de Pisa. Seus serviços foram contratados pelos florentinos por 25 mil ducados, um alto salário, considerando que a receita anual da cidade girava em torno de 130 mil ducados. Mesmo assim, Jacopo estava insatisfeito com os termos do contrato — ele queria 5 mil ducados a mais — e, em março de 1499, Maquiavel foi enviado a Pontedera, cidade a 32 quilômetros de Pisa onde Jacopo estava acampado. As instruções que ele recebeu da Signoria eram para enganar Jacopo dizendo que o governo de Florença era simpático à sua exigência, mas isso de uma forma tão vaga que a Signoria não se sentisse obrigada a cumprir o compromisso. Ele tinha que oferecer promessas, mas não dinheiro.

Para sua primeira missão diplomática, Maquiavel teve de usar tudo o que aprendera de retórica. É sintomático que em 1480 seu pai tenha tomado emprestado de um dono de papelaria chamado Zanobi um dos mais conceituados tratados de retórica de todos os tempos, o *De oratore*, de Cícero. Se Nicolau chegou a ler este livro na ocasião, não se sabe (ele tinha apenas 11 anos na época), mas, com certeza absoluta, ele estudou esta obra célebre num estágio avançado de sua formação. Cícero descreveu as várias qualidades que faziam de alguém um bom orador, assim como os exercícios práticos para desenvolver as habilidades, como treinar a voz, usar gestos, melhorar a memória, manter a atenção da plateia e daí por diante. Capacidade oratória, como a descrita por Cícero, era muito valorizada pelo governo florentino, que (como na negociação com Jacopo d'Appiano) sempre preferia oferecer aos aliados palavras em vez de atos: Adriani, o primeiro chanceler, era, antes de tudo, um professor de eloquência na universidade. As habilidades de Maquiavel na delicada arte da persuasão — seu talento com a língua e com a pena — parecem tê-lo ajudado não apenas na chancelaria, mas também nesta missão diplomática arriscada de apaziguar o temível senhor de Piombino.

Mesmo assim, a formação de Maquiavel em eloquência não poderia tê-lo preparado para esta missão em um acampamento militar nas terras pantanosas, sujeitas a enchente, ao redor de Pisa. Logo ele estaria acostumado à tarefa de viajar distâncias longas para defender os modos de uma Signoria mísera, perante avarentos líderes militares movidos mais por dinheiro do que por palavras. É claro que a sua primeira experiência com um *condottiere* não foi especialmente prazerosa. Jacopo era um político ardiloso cuja rebeldia obstinada o levara a ser excomungado pelo papa. Mas, apesar das dificuldades, a primeira missão teve êxito; Jacopo manteve seu compromisso de proteger Florença e atacar Pisa.

Maquiavel parece ter se saído tão bem que poucos meses depois, no calor do verão, foi despachado para uma missão quase idêntica. Deixando para trás na chancelaria o que ele chamava de "meu grande fardo de trabalho", ele viajou para Forli, 70 quilômetros a nordeste de Florença, do outro lado dos Apeninos. Sua incumbência nesta ocasião era persuadir um terceiro *condottiere*, Ottaviano Riario, a aceitar uma renovação de seu contrato (que havia expirado no mês de junho anterior) sem um reajuste no salário. Mas como Ottaviano estava em Milão, Maquiavel teve que negociar com Catarina Sforza, mãe do mercenário de 20 anos. O fato de Maquiavel ter sido enviado para lidar com uma figura tão difícil demonstra quanta fé a Signoria depositava em seu jovem segundo chanceler.

Catarina Sforza tinha uma personalidade ainda mais forte do que a de Jacopo d'Appiano. Com apenas 36 anos, já era uma figura lendária com uma história de vida trágica e turbulenta. Era a filha ilegítima de Galeazzo Maria Sforza, um duque de Milão bruto e devasso que foi assassinado por conspiradores nas escadarias da catedral de Milão, em 1476. A morte violenta dos que lhe eram mais próximos foi algo com que Catarina aprendeu a conviver desde cedo. Aos 15 anos, ela se casou com Girolamo Riario, sobrinho de um papa e senhor das cidades de Imola e Forlì. Girolamo foi assassinado em 1488, assim como, sete anos mais tarde, o segundo marido de Catarina, Giacomo Feo. Um terceiro marido, Giovanni de' Medici, primo distante de Lorenzo, o Magnífico, morreu em 1498, mas de causa natural. Essas tragédias não conseguiram apagar o espírito de Catarina. Apelidada de "A Poderosa", era conhecida por sua ousadia. Tinha resistido sozinha aos assassinos do primeiro marido no castelo de Forlì e, quando os criminosos ameaçaram matar também seus filhos se ela recusasse a se render, Catarina apareceu no parapeito (segundo a lenda) com as saias levantadas e os órgãos genitais à mostra, gritando: "Eu ainda tenho o molde para fazer outros!" Mais recentemente, ela confirmara seu atrevimento mortífero ao tentar assassinar o papa Alexandre VI: enviou ao pontífice uma série de cartas embrulhadas num pedaço de pano que tinha sido usado para enfaixar a cabeça de uma vítima da peste.

Com cabelos cor de morango e pele de porcelana, Catarina era tão famosa pela beleza quanto pela bravura. Ela mantinha um livro de receitas no qual detalhava os ingredientes de seus cremes para o rosto (e no mesmo livro incluía receitas de venenos com ação vagarosa). De tão sedutora, tinha sido imortalizada pelo pintor florentino Lorenzo di Credi, e os marchands de Forlì faziam bons negócios vendendo pequenos retratos dela. Um amigo de Maquiavel da chancelaria, Biagio Buonaccorsi, cobiçou um destes pequenos suvenires. "Eu gostaria que você me enviasse pelo correio um retrato de Sua Majestade numa folha de papel, muitos dos quais foram feitos por aí. E se você mandar", ele instruiu, "enrole bem para que as dobras não o estraguem".

Maquiavel, por sua vez, parecia bem menos seduzido pela Poderosa. Ele se deteve quase duas semanas em Forlì, lidando com os avanços e retrocessos das negociações, enquanto Catarina procurava ganhar tempo, reclamando que não tinha nem soldados nem pólvora de sobra, e fazendo mudanças de última hora em cada acordo. Ela não pareceu se impressionar com as palavras elegantes, mas vazias, que eram a base da diplomacia florentina. Finalmente, cansado com a demora nas negociações, Maquiavel expressou sua insatisfação "em palavras e gestos" (estes bem menos polidos, sem dúvida, do que os sugeridos por Cícero) antes de voltar a Florença no princípio de agosto. Àquela altura, entretanto, era como se Florença estivesse a um passo de retornar Pisa, com ou sem os serviços dos soldados e da pólvora de Catarina.

* * *

"Nossa campanha em Pisa está indo sempre melhor", Biagio Buonaccorsi escrevera a Maquiavel alguns dias antes deste retornar a Florença. Não era mero pensamento positivo. Desde sua nomeação como chefe militar de Florença, um ano antes, Paolo Vitelli tinha liderado uma campanha de poucos resultados e pequenos conflitos com os pisanos, que constou de mútuos ataques a aldeias, confisco de gado, destruição de colheitas e incêndio de castelos. Mas com a chegada de agosto, Vitelli finalmente voltou sua atenção para uma ofensiva direta contra Pisa. Apoiadas por seu irmão mais velho, Vitellozzo, suas tropas capturaram prontamente as cidadelas em torno de Ascanio (nas quais Vitelli, de acordo com seu costume, amputou as mãos dos defensores) e então começaram a bombardear Pisa com 190 canhões. Em 6 de agosto, a artilharia já tinha derrubado a muralha que cercava a cidade, e quatro dias depois seus soldados tomaram de assalto a fortaleza de Pisa, botando o comandante militar inimigo para correr. Em seguida, na Festa da Assunção, seus homens ocuparam uma igreja e os bairros vizinhos, já dentro dos muros da cidade. Após quase cinco anos de independência, a cidade rebelde finalmente parecia estar à mercê de Florença.

Ainda assim, a Signoria não estava perdendo oportunidade alguma. Ao mesmo tempo em que os bombardeios continuavam, foi expedida uma ordem para que a Madona de Impruneta fosse trazida para Florença em preparação para o ataque final de Vitelli. A Madona era a imagem mais valiosa de Florença. Pintada por São Lucas, de acordo com a lenda, por volta do ano 1000 fora encontrada enterrada no terreno em que estavam sendo colocados os alicerces para a construção da Igreja de Santa Maria, a 11 quilômetros de Florença, em Impruneta. Dizia-se que a imagem milagrosa gritara de dor no momento em que a pá a desenterrou; desde então, era mantida na igreja e transportada para Florença — sempre numa procissão de pés descalços, com a imagem cuidadosamente coberta — em tempos de necessidade. Nos cinco anos anteriores, ela fora trazida a Florença em pelo menos quatro ocasiões, realizando milagres como a chegada de um clima ameno para a colheita de 1494 e o massacre de quarenta soldados pisanos pela população de Livorno em 1496.

Na última vez, 24 de agosto, a procissão de Impruneta foi interrompida quando a imagem da santa ficou presa num galho de oliveira ao ser transportada pelo campo — acidente tido por alguns como bom augúrio. Mesmo assim, Pisa não foi conquistada. Rumores de que os pisanos estavam se armando com flechas envenenadas assustaram os homens de Vitelli. Vitelli, pessoalmente, parecia não estar muito interessado em consumar sua superioridade. O fato de o Grande Conselho do Povo ter se manifestado contra o saque da cidade (e assim enriquecer a ele e seus homens com os despojos) não estimulou seu apetite para uma escalada final. Vitelli estava tão hesitante que logo surgiram suspeitas de traição — suspeitas essas que sua decisão de terminar o cerco no começo de setembro (supostamente porque a malária estava começando a dizimar suas tropas) mal aquietavam. Este fracasso foi um golpe humilhante no espírito de luta dos florentinos. "Havia um grande burburinho por toda Florença", comentou um observador.

Se havia uma pessoa confusa e enraivecida pelo fracasso aparentemente inexplicável de Vitelli em invadir Pisa, essa pessoa era Nicolau Maquiavel. Se Maquiavel já tinha um conceito desfavorável de Jacopo d'Appiano e Catarina Sforza, o recuo de Vitelli veio confirmar a não confiabilidade e o mau caráter daqueles que combatiam por dinheiro e não por um ideal patriótico. Ao desistir do ataque, Vitelli era acusado tanto de covardia quanto de, muito pior, se vender ao inimigo. Maquiavel estava convencido da segunda hipótese. Enfurecido pelo que chamou de "Traição de Vitelli", ele declarou que o fracasso do cerco a Pisa "era culpa de Vitelli". O *condottiere*, ele escreveu, merecia "punição perpétua".

Este castigo não demorou a acontecer. Vitelli foi preso e trazido de volta a Florença. Ele foi torturado e, depois, decapitado em primeiro de outubro, após ser considerado culpado num tribunal (que ignorou a falta de provas) por ter aceitado subornos dos pisanos. A execução aconteceu numa galeria no alto do Palazzo della Signoria, uma vez que a praça, lá embaixo, estava apinhada de gente. "Era esperado que aquela cabeça fosse atirada sobre a praça", escreveu uma testemunha. "Não foi atirada, mas fincada num dardo e mostrada nas janelas da galeria do palácio com uma tocha acesa ao seu lado, para que fosse vista por todos."

Um bom número de companheiros de Vitelli, incluindo seu médico, foram presos na mesma época; um deles, um homem com o nome angélico de Cherubino, foi enforcado pouco depois nas janelas do Palazzo del Podestà. Entretanto, o irmão de Paolo, Vitellozzo, um *condottiere* que conquistara reputação por sua ferocidade, escapou das garras da justiça florentina. Sua fuga com duzentos de seus soldados foi um lapso que os florentinos, em breve, teriam motivo para lamentar.

III

O PERÍODO DE MAQUIAVEL como segundo chanceler estava para terminar alguns meses depois do fiasco de Pisa. Chanceleres eram normalmente eleitos, em primeira instância, para um período de dois anos, mas em 1498 ele tinha sido escolhido para servir apenas nos vinte meses remanescentes da nomeação de Alessandro Braccesi. Em 27 de janeiro de 1500, o nome de Maquiavel foi colocado diante do Grande Conselho do Povo pela terceira vez em menos de dois anos. O malogro em subjugar Pisa não deve ter deposto contra ele, uma vez que foi restituído ao cargo; desta vez, como mandava o regulamento, Maquiavel foi eleito para um período de um ano. Ele seria recompensado não apenas com a garantia de um novo mandato como servidor da república, mas também com o pagamento de seis florins de ouro, da parte do governo, "por conta dos perigos que enfrentou". Com a cidade de Pisa ainda não dominada, e com guerra total deflagrada entre a França e Milão, mais perigos certamente lhe aguardavam.

Maquiavel se preparava para partir para Pisa, em maio, quando seu pai faleceu. Ele e Bernardo parecem ter sido muito próximos compartilhando o amor pelos livros, interesse pela política e um fino senso de humor. Com a morte de sua mãe em 1496, e suas duas irmãs mais velhas já casadas, Nicolau ficou só na casa de Florença com seu irmão caçula Totto, que almejava uma carreira na Igreja. Bernardo, por sua vez, não parecia ter sido especialmente religioso, embora tivesse doado um retábulo para um mosteiro com a intenção de que missas fossem celebradas por sua alma. Ele foi sepultado no jazigo dos Maquiavel na igreja de Santa Croce em Florença. Nos anos seguintes, um embuste estranho e de certa forma macabro aconteceu, com muitos corpos sendo enterrados ilicitamente naquela tumba. Quando um frade de Santa Croce quis remover os intrusos, a resposta de Nicolau foi reveladora, tanto do pai quanto do filho: "Ora, deixe-os lá", Nicolau escreveu, "pois meu pai adorava conversar, e quanto mais eles forem para lhe fazer companhia, mais contente estará".[1]

As obrigações de governo de Maquiavel o deixaram com muito pouco tempo para o luto. Mal completaram dois meses da morte de Bernardo, na metade de julho, ele partiu para a França numa longa viagem até Lyon. Foi sua primeira viagem para fora da Itália — a primeira de mais de poucos dias de cavalgada de Florença. Ele recebeu 80 ducados em dinheiro, como diárias, e a companhia importante de Francesco della Casa, um ex-embaixador na França. "Você viajará com a máxima rapidez", dizia uma instrução da Signoria que o recomendava a trocar de cavalo a cada pernoite, enquanto ele tivesse forças para fazê-lo.[2] Desta vez, sua missão era negociar não com um chefete grosseirão como Jacopo d'Appiano, mas com um dos homens mais poderosos de Europa, o rei Luís XII, da França.

O motivo da expedição foi, mais uma vez, a questão de Pisa. No final de junho, dez meses depois do cerco interrompido de Paolo Vittelli, os florentinos retomaram seus ataques à cidade obstinada. Desta vez, as tropas eram compostas de mercenários da Suíça e da Gasconha, cedidos pelos franceses, desde que Luís XII (que sucedeu a Carlos VIII em 1498) prometera restituir Pisa aos florentinos em troca de um pagamento de 50 mil ducados. Uma vez mais, as coisas não aconteceram de acordo com o plano. Numa assombrosa repetição dos acontecimentos do verão anterior, uma vez que as fortificações foram parcialmente destruídas pela artilharia, deixando o caminho livre, as tropas suíças e gascoas não mostraram mais disposição para invadir a cidade do que os homens de Vitelli. Estes regimentos, na verdade, se comportaram de forma pior. Muitos dos gascãos desertaram, saqueando o que encontravam pela frente. Os suíços agiram de maneira ainda mais vergonhosa: sequestraram o comissário florentino e o fizeram refém, exigindo um resgate.

Como Maquiavel conhecera de perto estas cenas caóticas e repugnantes, foi escolhido para acompanhar della Casa à corte do rei da França. A dupla tinha que deixar claro que os florentinos estavam sem culpa e comunicar aos franceses que a falha esteve no comando francês, que tinha agido, a Signoria afirmava, com "corrupção e covardia".

Maquiavel e della Casa chegaram à corte francesa em Lyon em 26 de julho, tendo atravessado os Alpes pela garganta do monte Cenis e coberto, em média, 80 quilômetros por dia. Mal haviam chegado a Lyon e a peripatética natureza da corte (cuja inquietação se mostrava na paixão de Luís XII por caçar veados vermelhos e na sua ansiedade para fugir de epidemias) fez com que eles fossem obrigados a montar de novo em seus cavalos e percorrer 200 quilômetros na direção noroeste até Nevers, no coração da Borgonha. Logo que chegaram a Nevers, tiveram que perseguir a corte por 145 quilômetros na direção norte até Montargis; e assim que chegaram a Montargis, a corte avançou para Melun, perto de Paris. Logo, o rei se deslocaria 160 quilômetros na direção sudoeste até Blois, a mais de 1.100 quilômetros de Florença e (como Agostino Vespúcio escreveu numa carta a Maquiavel) "quase... um outro mundo".

Maquiavel e della Casa não ficaram animados com as audiências com o rei Luís e seu principal conselheiro, Georges d'Amboise, o cardeal de Rouen. Os dois enviados florentinos encontraram o rei e Rouen (a quem Maquiavel chamava de "Roano"), pela primeira vez, em Nevers. As discussões nas semanas seguintes em nada melhoraram as relações entre Florença e França. O rei Luís só aceitava continuar a guerra contra Pisa se os florentinos se comprometessem com todos os custos — e ele queria, além disso, que os florentinos pagassem os salários dos insubordinados suíços. Os florentinos, que precisavam da ajuda dos franceses para reconquistar a cidade, não tinham como resistir às exigências, porém o governo florentino reagiu com a hesitação e a prevaricação que se tornavam a marca registrada de sua política externa. Maquiavel, não menos que o próprio rei, estava frustrado com essas táticas protelatórias. Ele salientou em missivas aos seus superiores que os franceses "tinham apreço apenas por aqueles bem armados ou pelos que estavam dispostos a pagar" — e os florentinos falhavam tristemente nas duas categorias. O fato era que os franceses, ele os informou, "chamam vocês de sr. Ninguém".

Maquiavel sem dúvida sentiu prazer em transmitir este insulto aos homens com quem ele estava se tornando cada vez mais intolerante. Um dos problemas congênitos do governo de Florença, ele tinha descoberto, estava na rotatividade, por assim dizer, do Palazzo della Signoria. Os oito *signori* e seu oficial executivo, o *gonfaloniere* da Justiça, eram eleitos para períodos de apenas dois meses de serviço. Este tempo incrivelmente reduzido acontecia porque apenas membros das corporações de ofício eram elegíveis para esta função pública, e o revezamento acelerado garantia que eles não seriam mantidos por muito tempo longe de seus depósitos e escritórios de contabilidade. Mas o que era bom para o comércio e a indústria não era bom para a política, uma vez que homens com pouca experiência ou know-how vinham ocupar cargos no Palazzo della Signoria, e seus períodos no governo costumavam expirar antes de eles adquirirem alguma vivência significativa de negócios públicos. A consequência era não apenas a falta de continuidade e de experiência, mas também uma falta de iniciativa e de direção estrutural da parte de um governo que tinha carinho por máximas fleumáticas como "Homens sábios escolhem o menos mal, em vez do bom" e "Não se deve assumir riscos sem que haja a mais urgente necessidade".[3] Sobretudo nesse estágio inicial de sua carreira, estes provérbios devem ter tido pouca atração para um homem como Maquiavel.

Logo ficou claro que pessoas investidas de mais autoridade que Maquiavel e della Casa teriam que ser convocadas para negociar com um aliado poderoso e obstinado como Luís XII. Mas a Signoria ainda apostava na sua política de tartaruga, fazendo com que Maquiavel, cada vez mais contrariado, tivesse que esperar em território francês, semana após semana, até que um embaixador florentino fosse enviado à França. Foi apenas em meados de dezembro, quando a mensagem o alcançou em Nantes, que ele soube que um embaixador estava finalmente a caminho.

Aliviado, Maquiavel recebeu permissão para começar sua jornada de volta para casa. Na longa viagem de retorno à Itália ele deve ter tido muito tempo para refletir sobre as deficiências de um governo que era refém de seus soldados, assim como dos caprichos de outros governantes, e que baseava sua política externa em pouco mais do que procrastinação e prevaricação.

Maquiavel estava ansioso para chegar a Florença. Seus amigos na chancelaria já sentiam falta de sua personalidade cativante, e ele deve ter sentido falta da companhia deles também. Em outubro, tinha recebido uma carta de Vespúcio contando como Biagio e outros secretários estavam "todos tomados por um desejo maravilhoso de revê-lo. Pois sua conversação divertida, vivaz e agradável, quando ecoa pelos nossos ouvidos, nos alivia, alegra e refresca". E uma outra pessoa em Florença, aparentemente, parecia compartilhar da mesma expectativa pelo retorno do "Machia". Um assistente de chancelaria chamado Andrea di Romolo escreveu para ele dizendo que uma certa prostituta que ficava próxima à Ponte Alle Grazie estava esperando por ele "com figos abertos... Você sabe de quem estou falando".*

---

* Figo (*fico*) é utilizado aqui como jogo de palavras com *fica*, um termo de gíria italiana para os órgãos genitais femininos.

Maquiavel chegou de volta a Florença em 14 de janeiro de 1501, tendo ficado ausente por seis meses completos. Houve tristeza e angústia, assim como alegria no seu retorno. Sua irmã mais velha, Primavera, tinha morrido durante sua ausência com a idade de 35 anos. Ela deixara marido e um filho de 14 anos chamado Giovanni, que ficara gravemente enfermo enquanto Maquiavel viajava para casa. "Esse é o ano das nossas desgraças", escreveu seu desconsolado irmão Totto.

Havia também a questão da reeleição para ser considerada: seu período de um ano como segundo chanceler expiraria no final daquele mês, e ele tinha sido alertado em outubro por Vespúcio de que sua permanência no posto correria risco se ele não voltasse a tempo. Devidamente reeleito, resolveu porém apelar para seus superiores, requisitando um merecido descanso: sua vida particular, ele os informou, "estava em completa desordem".

IV

A REGIÃO DA ITÁLIA conhecida como Romagna se estendia por cerca de 140 quilômetros, a sudeste de Bologna, até a costa adriática. Seguia a linha reta da Via Aemilia, uma velha estrada romana, e agrupava várias cidades fortificadas: Imola, Faenza, Forlì, Cesena e Rimini, com um entalhe ao sul para incluir Urbino e, no outro lado dos Apeninos, Città di Castello. A Romagna fazia parte dos Estados Pontifícios, e cada uma destas cidades era governada por um vigário, em nome do papa, a quem era devido um imposto anual conhecido como censo. Estas paróquias eram normalmente mantidas em família: o clã Manfredi em Florença, o Malatesta em Rimini, o Sforza em Pesaro, o Vitelli em Città di Castello. Mesmo em suas posições como vassalos do papa, muitos dos vigários possuíam uma veia independente. Seu maior negócio era a guerra, uma vez que a maioria deles, como os Vitelli, era *condottieri*. O que Dante escrevera dois séculos antes na *Divina Comédia* — "Romagna nada é, nem nunca foi/ Sem a guerra no coração de seus tiranos"[1] — ainda se mantinha como uma dolorosa verdade em 1500. Algumas vezes, seus tiranos guerrearam até mesmo contra o papa, como no caso de Sigismondo Malatesta, o "Lobo de Rimini", um chefe militar maldoso e violento que tinha assassinado suas duas primeiras mulheres e, em 1468, viajara a Roma com o objetivo expresso (nunca atingido) de assassinar o papa Paulo II.

Estes governantes egocêntricos e beligerantes haviam feito da Romagna o elo mais fraco do domínio papal. Durante séculos, havia sido uma região selvagem e instável, vulnerável a agressores externos e dúbia na sua relação com o papa. Os perigos para o papado tinham ficado mais claros com a tentativa de assassinato do papa Alexandre VI, antes conhecido como Rodrigo Bórgia, por Catarina Sforza, governante das cidades romagnolas de Imola e Forlì. Após o fracasso do atentado, em março de 1499, Alexandre publicou uma bula papal expulsando de seus domínios a mulher a quem se referiu como uma "filha da iniquidade". As terras dela foram rapidamente confiscadas, no fim de 1499, pelo filho de 24 anos do papa, César Bórgia. Catarina se refugiara na sua fortaleza em Forlì, mas desta vez não houve bravata no parapeito: sua guarnição de 400 homens foi massacrada, e ela mesma foi capturada e levada como prisioneira para Roma.

Catarina Sforza, porém, não era o único alvo do papa. Alexandre desejava criar um aliado mais confiável para a Igreja na região — e, ao mesmo tempo, fundar uma dinastia dos Bórgia — ao instalar seu filho César como governante de toda a Romagna. César se tornara um instrumento das ambições de seu pai por quase toda a década anterior. Aos 15 anos, ele foi consagrado bispo de Pamplona, e aos 17, um ano depois de seu pai ser eleito papa, cardeal de Valência. Foi uma ascensão meteórica pelos degraus eclesiásticos, pois ele não tinha feito os votos sagrados, e que, como escreveu um cronista com ironia considerável, "era totalmente avesso à profissão sacerdotal". Ele renunciara ao cardinalato em 1497, em seguida ao assassinato de seu irmão mais velho (morte na qual muitos enxergaram o dedo de César), com o intuito de se dedicar a uma carreira mais mundana. No ano seguinte, como recompensa por seu pai ter permitido o divórcio do rei Luís XII de sua mulher, ele se tornou o duque de Valentinois (um título que na Itália lhe rendeu o apelido de "Valentino"). Mas tanto César como seu pai ambicionavam um ducado mais valioso do que aquelas terras longínquas ao longo do Rhône nas quais ele colocou os pés apenas uma vez.

Alegando o não pagamento do censo, Alexandre VI excomungou os vigários das cidades de Pesaro, Rimini e Faenza, declarando suas terras confiscadas pela Igreja. O próximo passo, então, aconteceu em outubro de 1500 — enquanto Nicolau Maquiavel estava em missão diplomática na França — quando César Bórgia irrompeu novamente na Romagna como comandante de um exército de 10 mil mercenários franceses e espanhóis. Pesaro caiu sem luta, logo acompanhada por Rimini. Somente Faenza ofereceu resistência significativa, mas ela também se entregou, após um longo cerco, em abril de 1501. O papa Alexandre rapidamente recompensou seu filho com o título de duque de Romagna, dando a ele o senhorio feudal da região rebelde.

César Bórgia ostentava um novo título espalhafatoso e um grande exército com o qual ele havia vencido duas campanhas militares, de forma rápida e bem-sucedida. Além do mais, tinha o respaldo tanto do papa como do rei Luís XII, da França, tendo se casado, em 1499, com uma parente do rei Luis, Charlotte d'Albret. Previsivelmente, possuía um apetite por novas conquistas. Já no outono anterior, Agostino Vespúcio tinha informado a Maquiavel, na época ainda na França, sobre os rumores de que Bórgia estava planejando atacar Florença e reinstalar os Medici. O assunto se tornava mais preocupante pelo fato de Bórgia ter contratado Vitellozzo Vitelli, irmão mais velho de Paolo. Depois de jurar vingança contra Florença pelo enforcamento de seu irmão, Vitellozzo vinha exercendo seu ofício de mercenário com uma selvageria que contrastava com seu comportamento hesitante ao redor das muralhas de Pisa. Ele havia capturado e decapitado Pirro da Marciano, irmão de Ludovico e o homem que os florentinos tinham enviado para prendê-lo após o fiasco de Pisa. Nos 18 meses seguintes, Vitellozzo saqueou o território ao redor de Cortona, travou uma batalha feroz aos portões de Perugia, na qual centenas de homens haviam morrido, e ajudou Bórgia a tomar Faenza com a contribuição de mil soldados de infantaria. Seu ataque mais horripilante aconteceu em setembro de 1500, na pequena Acquasparta, na Umbria, quando ele saqueou a cidade, incendiou o castelo e esquartejou seu governante, Altobello da Canale.

Acima de tudo, Vitellozzo desejava se vingar de Florença. Bórgia parecia disposto a lhe dar esta satisfação, já que no início de maio ele direcionou suas tropas para o território florentino, requerendo passagem livre pela Toscana até Piombino, de onde ele pretendia desalojar Jacopo d'Appiano. O pânico tomou conta da Toscana quando Bórgia, sem esperar uma resposta da Signoria, avançou ameaçadoramente na direção de Florença. Passando como um enxame pelas campinas, as tropas começaram a "roubar e cometer todo tipo de crueldade", segundo o relato de um florentino horrorizado. Os camponeses logo empacotavam seus pertences de mais valor no lombo dos animais e saíam apavorados para se abrigarem dentro dos muros da cidade, temendo por suas vidas.

Florença estava muito mal preparada para lidar com a ameaça, e por isso os embaixadores (acompanhados de um grupo de músicos) foram mandados ao encontro de Bórgia no seu acampamento fora de Florença. Negociando de uma posição de fraqueza, os embaixadores cederam a todas as exigências. Eles concordaram em pagar ao invasor 36 mil ducados anuais, uma espécie de pagamento por proteção representando quase um quarto do orçamento total da cidade. Como em 1494, Florença havia sido extremamente humilhada, tendo a sua fraqueza militar exposta pela rapinagem atrevida de Bórgia.

Maquiavel estava ocupado durante estes meses de 1501 com os assuntos de Pistoia, uma pequena cidade situada num afluente do Arno, cerca de 30 quilômetros ao noroeste de Florença. Pistoia estivera continuamente sob domínio florentino desde a metade do século XIV. Manter a paz, ali, nunca tinha sido fácil. Pistoia era uma cidade violenta e perigosa, mesmo para os terríveis padrões da época, com combates frequentes entre as duas famílias rivais, os Cancellieri e os Panciatichi. Enquanto Maquiavel esteve na França, o segundo clã explusou o primeiro da cidade em meio a muita devastação e morte. O conflito generalizado se espalhou para além dos muros de Pistoia, com facções armadas se digladiando de um extremo a outro da região montanhosa. Estes distúrbios foram descritos eufemisticamente como *umori* — "humores". No começo de fevereiro, nem duas semanas após seu retorno da França, Maquiavel foi enviado a Pistoia como comissário, com plenos poderes para estancar os *umori* e estabelecer alguma espécie de paz.

A missão não começou de maneira auspiciosa. Uma batalha entre alguns milhares de pistoianos — uma proporção significativa da população — deixou duzentos mortos apenas alguns dias depois da chegada de Maquiavel. Ele ficou dez dias na cidade antes de voltar a Florença, mas até abril novas batalhas já haviam matado mais cinquenta pessoas. No princípio de julho, cerca de mais trezentos morreram em combate ao passo que o Palazzo Panciatichi foi totalmente incendiado. As cabeças de uma dúzia de membros da família Panciatichi foram fincadas em lanças e expostas em desfile público, enquanto outras cabeças sem corpo foram usadas em jogos de *palla*, uma versão primitiva do tênis. Maquiavel foi despachado de volta a Pistoia para conseguir nova trégua.

Maquiavel deve ter tido sérias dúvidas sobre sua missão. Mais de dez anos depois, ele discutiria as três opções para se impor a ordem numa cidade dividida por facções: a primeira seria executar os líderes das facções; a segunda, seria exilá-los da cidade; ou finalmente, forçá-los a depor as armas e assinar um acordo de paz. "Dessas três opções", ele escreveu, "a última é a mais prejudicial, menos segura, e mais ineficaz" — e, não obstante, era também, ele observou acidamente, a política sempre implantada por Florença em Pistoia. O melhor método de pacificar uma cidade como Pistoia era, acreditava ele, a primeira linha de ação — eliminar os líderes. "Mas sendo que tais ações decisivas têm em si alguma coisa de grande e nobre", ele sublinhou, "uma república fraca não pode levá-las a cabo".

Ainda outra carnificina ocorreu durante a segunda visita de Maquiavel a Pistoia. Uma semiconciliação entre as partes aconteceu antes do final do verão, com cada facção elegendo quatro homens para a Signoria de Pistoia; mas a paz durou apenas uma semana até que mais violência explodisse. Àquela altura, Maquiavel estava de volta à Florença com outros assuntos para resolver. Aos 32 anos, ele estava prestes a se casar.

A noiva de Maquiavel era Marietta Corsini. Nada se sabe dos detalhes do casamento — nem mesmo a data precisa das bodas — e muito pouco sobre Marietta. Como Maquiavel, ela fazia parte de um ramo um tanto empobrecido de uma antiga família florentina da pequena nobreza: os Corsini eram um clã nobre da área de Poggibonsi, ao sul de Florença, mas em meados do século XIV eles tinham perdido tudo pela falência dos bancos florentinos de Peruzzi e Bardi. A pessoa mais ilustre da família havia sido Andrea Corsini, bispo de Fiesole no século XIV, que recebera uma visão da Virgem Maria e que em 1629 seria canonizado.

É seguro presumir que o casamento não foi, em primeiro lugar, um caso de amor. Para um homem, a importância maior era o tamanho do dote da mulher e — para fins de carregar os filhos — o tamanho de seus quadris. O casamento de Maquiavel teria sido o resultado de negociações entre ele mesmo e o pai de Marietta, Luigi, e o irmão dela, Lanciolino. As núpcias em Florença eram preparadas normalmente pelos corretores de casamento, envolvendo uma série de acordos que eram documentados em cartório e ritualizados em cerimônias. Uma destas era o *impalmamento*, na qual o noivo, demonstrando sua intenção de casar, tomava a mão de sua futura esposa na presença de testemunhas. Então, seguia-se a *sponsalia*, na qual os homens das duas famílias se reuniam para discutir os assuntos financeiros importantes, como o dote e o custo do vestido de noiva. A cerimônia final era a *nozze*, quando, depois da celebração do casamento na igreja, a noiva era conduzida em procissão até a residência do marido.

Em alguma data do final do verão de 1501, Marietta foi entregue na casa da Via della Piazza (atual Via Guicciardini), próximo à extremidade sul da Ponte Vecchio. Sua nova moradia era parte de um conjunto de três ou quatro casas, todas ocupadas por parentes de Nicolau, construídas em meados do século XIV. As propriedades davam fundos para um beco pouco iluminado conhecido como *cortile di Machiavelli*, ou "pátio de Maquiavel". Nicolau tinha pelo menos uma empregada, e sua casa incluía despensas no andar térreo para cereais e vinho, quartos e salas no primeiro pavimento, e uma cozinha na cobertura. Atrás de sua casa, havia uma construção de dois cômodos acessível por uma serventia, que era usada pelos empregados. Como muitas casas em Florença, a dele tinha grades de ferro nas janelas — uma medida para manter os ladrões fora e as mulheres dentro.[*]

As grades nas janelas realmente fariam a casa parecer uma prisão para Marietta, e por mais de uma vez ela teve motivo para reclamar de seu destino. Maquiavel estava longe de

---

[*] A casa de Maquiavel — há muito tempo demolida — ficava na atual Via Guicciardini, 16.

ser o marido ideal. Sem sombra de dúvida, ele era adepto, como quase todos os outros machos italianos, dos preceitos contidos no livro mais caro da biblioteca de Bernardo Maquiavel, o *Decretum* de Graciano, que dizia que "as mulheres deveriam estar sujeitas aos homens" e que "a autoridade das mulheres é nenhuma". Havia menos tempo, o acadêmico humanista Leonardo Bruni, um dos antecessores de Maquiavel na chancelaria, escrevera sobre o poder masculino de forma muito semelhante: "O homem é o cabeça da família, o rei, por assim dizer, de seu próprio lar."

O problema de Maquiavel parece não ter sido seu autoritarismo, tanto quanto o fato de que era desatencioso e, como veremos, infiel, mais do que ocasionalmente, relacionando-se por muitos anos não só com prostitutas, mas com amantes. Muitos anos depois, um amigo lhe escreveria: "Você nunca teria casado se tivesse realmente se conhecido." Maquiavel dizia invejar os solteiros, e em seus escritos ele seria pouco sentimental e até mesmo cínico em relação ao casamento. "Todo homem que tem uma amante", ele escreveu, "sofre por ter uma esposa". Outro escrito seu, uma novela, iniciaria com o deus dos Reinos Inferiores refletindo sobre como a maioria das almas perdidas culpava os horrores da vida de casado por sua aflição eterna. Ainda outro, seu comentário sobre a obra de Livy, terminava com a cena das mulheres da Roma antiga envenenando seus maridos. Quanto à Marietta, ela parece ter sido uma mulher inteligente e carinhosa (porém um pouco tensa) que gostava, de verdade, da companhia do marido e sentia falta dele profundamente sempre que suas obrigações de governo o levavam para fora de Florença.

Acontece que o trabalho fez Maquiavel se ausentar do lar matrimonial quase imediatamente. Em outubro, ele estava de novo na sela de um cavalo para negociar mais uma vez com as facções em guerra na Pistoia. Pouco tempo depois Marietta descobriu que estava grávida. Maquiavel não tinha tempo para fazer o papel do marido carinhoso, mesmo que quisesse. No ano seguinte, possivelmente na época em que Marietta deu à luz a filha do casal, ele foi despachado para uma missão muito mais importante: representar Florença na corte de César Bórgia.

V

Um ano depois da conquista da Romagna e de seu tormento de Florença, César Bórgia estava feliz com outra vitória: ele conquistou o ducado de Urbino, em junho de 1502, por meio de uma trapaça tipicamente atrevida e traiçoeira. Pedindo para que o governante da cidade, Guidobaldo da Montefeltro, o ajudasse a conquistar Camerino, ele logo invadiu Urbino com 2 mil mercenários espanhóis após Guidobaldo ter enviado, confiadamente, toda a sua artilharia para sitiar Camerino. Foi o seu triunfo mais espantoso, e que fez dele senhor daquela cidade bonita e próspera, governada pela família Montefeltro desde meados do século XII. Esta conquista também levou Bórgia a ser indiscutivelmente reconhecido pelos outros poderes italianos como uma força importante.

Os florentinos certamente ficaram cientes de sua perigosa proeminência. Mais uma vez, surgiram rumores aterrorizantes de que Florença era a próxima na lista de Bórgia, e assim, já que na véspera de ocupar Urbino ele requisitou a presença de embaixadores para discutir assuntos importantes sobre alianças territoriais, a Signoria não hesitou. Nicolau Maquiavel foi mandado imediatamente, junto com o membro de uma importante família florentina, Francesco Soderini, o bispo de Volterra. Eles chegaram ao Palazzo Ducale, em Urbino, na noite de 24 de junho, Festa de São João, e foram logo intimados por Bórgia.

No verão de 1502, Florença ficou mais uma vez numa posição de grande vulnerabilidade. A campanha contra Pisa prosseguia claudicante: naquela primavera os florentinos despacharam equipes de saqueadores, conhecidos como *marraiuoli* (de *marra*, "picareta"), para causar estragos nos campos, mas os pisanos os renderam, enforcaram e esquartejaram, e começaram a usar as picaretas dos invasores para ceifar os campos e pomares florentinos. E pior ainda, no começo de junho uma rebelião estourou em Arezzo, uma cidade sob controle de Florença desde 1384. Os rebeldes arentinos haviam contratado Vitellozzo Vitelli, convenientemente por perto com uma tropa de milhares de soldados. Saboreando sua vingança contra os matadores de seu irmão, o *condottiere* rapidamente dominou as cidadelas no Val di Chiana e entrou em Arezzo como um libertador. Apesar das declarações de Bórgia de que nada sabia sobre as manobras de Vitellozzo, pouca gente em Florença deixou de ver a mão do duque Valentino no episódio. Mas os florentinos estavam, como de costume, fracos demais para dar uma resposta vigorosa.

Este era o perfil do jogo quando Maquiavel e o bispo Soderini se encontraram face a face com César Bórgia no magnífico Palazzo Ducale em Urbino. Embora Bórgia fosse objeto de ódio e medo em Florença, Maquiavel formou uma opinião favorável sobre ele. Descontando sua monstruosa reputação, Bórgia era de fato um jovem talentoso e impressionante. Ele tinha sido um estudante impecável, recebendo uma educação sólida tanto na Universidade de Perugia como na antiga escola de Maquiavel, o Studio Florentino

49

em Pisa. Era fluente em cinco idiomas, entre eles o latim e o grego, embora estivesse muito mais à vontade numa sela de cavalo e nas praças de touros (como num dia memorável em Roma quando ele matou oito touros) do que nas salas de aula. Ele conseguia envergar uma ferradura com as mãos, e seu tempo livre em Urbino era gasto caçando leopardos nas colinas dos arredores e desafiando os jovens da cidade para corridas e luta romana, todas, invariavelmente, vencidas por ele. Ele se vestia em traje de veludo preto e usava com frequência uma máscara — em razão do anonimato, mas também para esconder os sintomas dilacerantes da sífilis.

"Este príncipe é verdadeiramente glorioso e magnífico", um pasmo Maquiavel escreveu aos membros da Signoria pouco depois de sua chegada a Urbino. Porém, não foram a força e o preparo atlético de Bórgia, nem mesmo a sua facilidade para o latim e o grego, que encantaram Maquiavel. O que Maquiavel admirou ao extremo foi a inquebrantável determinação de Bórgia, e a audácia surpreendente de suas ações. "Na guerra", Maquiavel escreveu a seus superiores, "não há grande empreendimento que não pareça pequeno para ele, e na sua busca de glórias e ganhos, nunca mostra vestígios de medo, perigo ou cansaço. Ele chega a um lugar antes que saibam que deixou o anterior. Seus guerreiros o amam, e ele reuniu em torno de si os melhores homens da Itália. Estas coisas o tornam vitorioso e extraordinário". Um contraste mais acentuado com os hesitantes e ambíguos membros da Signoria — homens de negócio que entendiam do preço da lã, mas nada da arte da guerra — teria sido difícil de imaginar.

Bórgia tratou os dois representantes de Florença com a mesma altivez e desprezo mostrados pelo rei da França.

Ele ameaçou mudar o governo florentino, especificamente reinstalar Piero de' Medici, a não ser que a Signoria prometesse respeitar suas conquistas e parar de se intrometer nos seus negócios. Ele também trouxe à tona a pequena questão dos 36 mil ducados que os florentinos tinham, até então, se omitido de pagar. "Se vocês não me tiverem como amigo, me terão como inimigo." A audiência noturna terminou com Bórgia pressionando os dois para convencerem seus patrões em Florença sobre a urgência de suas colocações. "Tomem suas decisões rapidamente", ele lhes disse naquela noite, expedindo seu ultimato no dia seguinte: que os florentinos teriam quatro dias para decidir se queriam ser amigos ou inimigos. "Não vale o caminho do meio", afirmou.

Ao galopar de volta pelas colinas acidentadas para transmitir as exigências de Bórgia à Signoria, Maquiavel deve ter tomado consciência de que o caminho do meio, que ele chamava de *la via di mezzo*, era precisamente o caminho que seu cauteloso governo sempre preferia trilhar. Previsivelmente, a Signoria se recusou a responder os pedidos urgentes de Bórgia. Na primeira semana de julho, muitos dias após expirar o prazo, o governo mandou para Urbino uma de suas costumeiras obras-primas de eloquência vazia. A fúria de Bórgia ao receber o documento trazido pelo bispo Soderini fez a população de Urbino temer pela vida do religioso, mas os acontecimentos logo sopraram a favor de Florença. Os membros da Signoria devem ter suspeitado que o ultimato ríspido de Bórgia era um blefe, uma vez que o rei Luís XII dificilmente apoiaria uma invasão de Florença, com quem ele havia assinado um tratado havia apenas alguns meses. O blefe foi desmascarado, ironicamente, quando Vitellozzo Vitelli invadiu e saqueou a vila toscana de Borgo San Sepolcro, a cerca de 18 quilômetros de Arezzo, e empreendeu um massacre brutal na fortaleza de Battifolle. Luís XII ficou muito contrariado e obrigou Bórgia a expulsar seu malicioso subalterno da Toscana. Um enfurecido Vitellozzo teve que retirar suas tropas, mas não sem antes roubar os sinos da cidadela. Lá pelo final de julho, ele estava jurando vingança contra Bórgia e contra os florentinos.

A crise passou. Os florentinos sobreviveram ao seu segundo confronto com César Bórgia em pouco mais de um ano. Entretanto, aquelas experiências haviam deixado sua marca nos membros da Signoria. Reconhecendo a fraqueza de sua maneira de trabalhar — a alta rotatividade pelo gabinete de homens com experiência limitada em política externa —, eles decidiram fazer uma importante reforma institucional. Em vez de eleger um *gonfaloniere* da Justiça que servisse pelo período de apenas dois meses, eles propuseram a criação de um cargo chamado de *gonfaloniere a vita*, uma função permanente que (como o doge de Veneza) traria para a república uma maior continuidade e estabilidade, assim como a sabedoria política nascida da experiência.

Uma lei criando este novo cargo foi promulgada no final de agosto, e em duas semanas os nomes de 236 candidatos foram mandados para a apreciação do Grande Conselho do Povo. A Madona de Impruneta estava sendo carregada para Florença, segundo o costume, a fim de ajudar os eleitores a fazerem a melhor escolha. As cédulas foram contadas e o vitorioso foi um veterano homem público chamado Piero Soderini, antigo embaixador em Milão e na França. Aos 52 anos, Soderini era irmão de Francesco, o bispo de Volterra, parceiro de Maquiavel na missão em Urbino. Francesco se tornara um admirador dos talentos, das percepções e da coragem de Maquiavel durante a missão, logo escrevendo que o segundo chanceler "não era devedor a ninguém em capacidade". Piero, portanto, logo viria a requisitar os talentos de Maquiavel. Ele estava no cargo havia menos de um mês quando enviou seu segundo chanceler em nova missão. Como os vizinhos de César Bórgia aguardavam ansiosamente seu próximo movimento, os florentinos descobriram que precisavam de alguém para ficar de olho nele. Maquiavel teria uma segunda chance para observar o "glorioso" duque de perto.

Maquiavel assumiu sua mais recente tarefa com prazer. Ele acomodou sua bagagem num coche, mas, logo, sentindo que perdia tempo por causa desses acessórios, os abandonou em Scarperia, a 22 quilômetros de Florença, e galopou pelos 38 quilômetros restantes até Imola, onde César Bórgia estava com sua corte. Chegou em 7 de outubro e se apresentou a Bórgia ainda em seus trajes de cavalgada.

Uma mudança ocorrera na sorte de Bórgia desde que Maquiavel o conhecera havia três meses em Urbino. O duque da Romagna parecia subitamente vulnerável. Naquele instante, o desapontado Vitellozzo Vitelli e um bom número de *condottieri* que tinha participado da conquista da Romagna por Bórgia (incluindo os senhores de Perugia e Fermo) se reuniam em território perugiano para planejar como abater o ambicioso senhor feudal. A expulsão traiçoeira de Guidobaldo da Montefeltro de suas terras tinha lhes alertado para o risco de sua própria situação. Como

Gianpaolo Baglioni, governador da Perugia, observou, eles corriam o risco de "serem um por um engolidos pelo dragão". Dois dias depois de Maquiavel chegar a Imola, em 9 de outubro, os *condottieri* rebeldes assinaram um pacto concordando em atacar Bórgia simultaneamente na Romagna e em Urbino, esta última já em revolta contra seu domínio.

Apesar destes contratempos, Bórgia não parecia menos magnífico para Maquiavel. O duque era, como Maquiavel escreveu para os Dez, "supra-humano em sua coragem". Confrontado com a possibilidade de perder seus rendimentos territoriais, Bórgia começou a apelar por ajuda tanto a Florença como ao rei da França. Neste meio tempo, ele começou a recrutar uma milícia de cidadãos com a qual pretendia conter Vitellozzo e os outros mercenários desertores, alistando um homem de cada lar dos vilarejos nos arredores da Romagna, conseguindo reunir uma força de 6 mil homens. Ele os vestiu com uniformes que incluíam uma bata amarela e carmesim ornamentada com o nome CESARE.

Maquiavel continuava impressionado pela milícia e o sangue frio com que Bórgia avaliava seus inimigos, a quem ele definia como um "congresso de fracassados". Escrevendo para a Signoria, Maquiavel sugeriu que seu governo apoiasse Bórgia contra este grupo de pequenos déspotas. Ele escreveu que o duque da Romagna era "altamente conceituado, bafejado pela Fortuna, e acostumado a vencer" — além do fato de que ele tinha por trás tanto a riqueza do papa quanto os soldados de Luís XII. Florença faria bem em se tornar amiga ao invés de inimiga deste "novo poder da Itália".

A princípio, pareceu que o governo florentino aceitaria seu conselho. Na terceira semana de outubro, Maquiavel recebeu uma carta de Piero Guicciardini, um membro do Dez da Liberdade e da Paz, garantindo-lhe "uma disposição favorável na direção de uma amizade com Sua Senhoria daí". Mas o governo dissimulava. A Bórgia eram oferecidas palavras de encorajamento de Florença, mas muito pouco em termos de apoio material. Maquiavel ficou irritado ao perceber que Piero Soderini parecia mais interessado no destino de algumas mulas roubadas pelos homens de Bórgia de uma fila de mulas de carga em Castel Durante, próximo a Urbino. O *gonfaloniere* estava estranhamente obcecado por estes animais. "Questione Sua Excelência sobre o caso específico das seis mulas que foram roubadas", Soderini escreveu para ele com uma ênfase inusitada. "Você deverá importuná-lo com isso, mais e mais."

O tempo de Maquiavel em Imola foi esticado até novembro e, logo, dezembro, quando a Signoria e os mercenários rebeldes, que não demonstravam apetite especial pela batalha, continuavam em negociações infrutíferas. Em Florença, a jovem esposa de Maquiavel começava a se queixar. "Madona Marietta me escreveu através de seu irmão para perguntar quando você estará de volta", Biagio Buonaccorsi lhe havia escrito em outubro. "Ela está fazendo um escarcéu e está magoada porque você prometeu que não ficaria ausente por mais de oito dias." Em dezembro, ela tinha ficado ainda mais nervosa e desconsolada: "Madona Marietta está blasfemando contra Deus", Biagio relatou, "e ela sente que está jogando fora tanto seu corpo como seus bens".

Maquiavel desejava voltar para casa, nem tanto por Marietta, mas porque se preocupava com a possibilidade de sua ausência de Florença colocar novamente em risco a reeleição para a chancelaria. Estava frustrado, também, pelo sigilo mantido por Bórgia quanto aos seus planos e com a lentidão da Signoria. Entediado pelos longos dias de inatividade, pediu a Biagio para conseguir uma cópia de *Vidas*, de Plutarco, com a qual pretendia matar o tempo. (Ele normalmente carregava livros na viagem: seu material de leitura na longa travessia da França havia sido *Comentários sobre as Guerras Civil e da Gália*, de Júlio César.) Maquiavel também escreveu a Florença pedindo uma capa de veludo e linho adamascada, um novo chapéu de veludo (evidentemente para uma melhor aparência na corte de Bórgia), e também uma remessa de vinhos. Em retorno, ele recebia cartas mesquinhas e às vezes inoportunas. "Vá esfolar sua bunda", Biagio escreveu de volta, mal-humorado. "Pode ir ao diabo, por pedir tantas coisas." Biagio também lhe informou que seus relatórios não estavam chegando com a regularidade que a Signoria esperava. "Eu devo lembrá-lo para escrever com mais frequência", ele repreendeu Maquiavel no final de outubro, "porque receber uma carta sua a cada oito dias não lhe credencia e nem traz satisfação àqueles que lhe enviaram". Alguns de seus relatórios foram extraviados, enquanto outros, graças à lerdeza dos mensageiros, levavam mais de uma semana para viajar os 65 quilômetros entre Imola e Florença. "Aquele *bundão* do Totti levou oito dias inteiros para chegar aqui", reclamou Biagio, frustrado. Mas a chancelaria não era mais eficiente. Certa vez, um salvo-conduto para Maquiavel chegou atrasado a Imola porque, como Biagio francamente admitiu, um dos oficiais de gabinete, Antonio della Valle, tinha se distraído um dia inteiro jogando gamão quando deveria estar preparando o documento.

Maquiavel passara dois meses em Imola quando, em 10 de dezembro, avançando a muito custo através da neve, Bórgia deixou a cidade com uma força de 5 mil homens na infantaria e 1.200 na cavalaria. Seu primeiro destino era Cesena, 46 quilômetros a sudeste. Maquiavel seguiu dois dias depois, tentando imaginar, como todo mundo, o que Bórgia estava planejando. Como foi depois relatado, a primeira ação do duque foi um terrível golpe teatral que chocou e hipnotizou a todos, inclusive Maquiavel.

Um dos auxiliares mais próximos de Bórgia, por muitos anos, era um carrancudo espanhol de barba negra chamado Ramiro de Lorqua, que gozava de poderes abrangentes como governante militar da Romagna. Ramiro se tornara eficiente, mas muito impopular, ao pacificar a região pelo esmagamento brutal de qualquer dissensão contra o senhorio de Bórgia. Sua trajetória chegou a um fim abrupto no amanhecer de 26 de dezembro quando o povo de Cesena se reuniu na praça da cidade para receber o presente de natal que Bórgia tinha para eles: o cadáver decapitado de Ramiro jazia exposto, sua cabeça cravada numa lança, um machado ensanguentado e o cadafalso de execução à vista. "Ninguém sabe a razão de sua morte", Maquiavel escreveu para seus superiores, "exceto que ela serviu aos propósitos do príncipe, que mostrou a todos como ele pode levantar e destruir os homens a seu bel-prazer".

O cadáver ensanguentado de Ramiro foi apenas o ato de abertura. Mais tarde, no mesmo dia, Bórgia partiu com seu exército para Senigallia, na costa do mar Adriático, onde seus inimigos, Vitellozzo Vitelli entre eles, os aguardavam.

VI

O S *CONDOTTIERI* REBELDES da Romagna possuíam uma vasta ficha de violência e traição. Gianpaolo Baglioni tinha promovido o massacre impiedoso de 130 membros da família Oddi em Perugia, rivais. Também era assustadora a trajetória do mercenário de 27 anos Oliverotto Eufferducci. Ele fora criado pelo tio materno Giovanni Fogliani, governante de Fermo, uma pequena cidade na região dos Marche. Ingressando no serviço militar, lutou contra Pisa ao lado de Paolo Vitelli na fatídica campanha florentina de 1499, escapando do destino de Paolo graças à pronta intervenção de seu tio. Oliverotto retribuiu a gentileza do tio, dois anos depois, assassinando-o durante um banquete em Fermo e assumindo o controle da cidade.

A despeito de uma reputação de selvageria, estes homens tinham se mostrado indecisivos e incompetentes quando se tratava de lidar com César Bórgia. A firmeza de Vitellozzo Vitelli não era favorecida por sua condição de sifilítico em estado avançado da doença: ele tinha sido carregado para o encontro em La Magione de maca, gemendo de dor. Nenhuma ação militar significativa foi realizada depois do pacto assinado, e um bom número dos *condottieri* até começou a fazer acenos de paz. Maquiavel estranhava estas aproximações, tentando entender de que forma os pecados deles contra Bórgia poderiam ser um dia perdoados. Bórgia, por seu lado, tinha simplesmente ficado na espera até que, em novembro de 1502, assinou um tratado de paz com os representantes deles. Um mês depois, no mesmo dia em que Ramiro de Lorqua se encontrou com a morte, os *condottieri*, fingindo demonstrar a lealdade, capturaram Senigallia em nome de Bórgia. Vitellozzo e Oliverotto entraram na cidade, supostamente para render homenagem a Bórgia logo que ele chegasse. Maquiavel, que seguiu Bórgia até Senigallia, depois classificou o que aconteceu a seguir como "a mais bonita das trapaças".

Maquiavel escreveria mais tarde que os "poderes de dissimulação" de Bórgia confundiram os *condottieri*, fazendo-os acreditar que ele era um aliado deles. Todavia, homens de tendência tão assassina e desleal como Vitellozzo e Oliverotto nunca teriam sido tão tolos ao ponto de acreditar que Bórgia, uma personalidade tão inclemente quanto eles, poderia algum dia perdoar os pecados ou respeitar os termos do tratado de paz. Na verdade, eles estavam, quase certamente, planejando assassinar Bórgia logo que este colocasse os pés em Senigallia. Eles alegaram que o castelão da cidadela queria entregar a fortaleza a ninguém menos que Bórgia, atraindo-o, dessa forma, para Senigallia; um besteiro faria o resto. Bórgia parece ter descoberto essa conspiração um tanto óbvia, mas, mesmo assim, foi ao encontro de Vitellozzo, que estava montado numa mula, fora dos muros de Senigallia, no último dia de 1502. Seguiu-se uma saudação amigável e então uma manobra esplendidamente coreografada, em que, de repente, Vitellozzo e Oliverotto se viram dentro de Senigallia junto com Bórgia e muitas de suas tropas, porém, com a esmagadora maioria de seus próprios soldados retidos fora dos muros, num descuido estúpido e fatal. Os dois *condottieri* foram rapidamente presos e, horas depois, estrangulados pelo principal auxiliar de Borgia, um temível espanhol conhecido como d. Michelotto. Assim terminou o que Bórgia chamou mais tarde de "sua infinita perfídia e malignidade".

A armadilha e o assassinato de Vitellozzo e Oliverotto podem ter sido um acontecimento de pequena importância na política italiana, mas na imaginação de Maquiavel tomaria um vulto gigantesco por muitos anos. Ele estava presente em Senigallia no dia das execuções e confessou estar "maravilhado" com o golpe de mestre de Bórgia. Ele se deslumbrou com as virtudes de liderança mostradas por Bórgia no decorrer da crise: a determinação destemida para destruir seus inimigos, o ardil inteligente, a elegância com que o plano foi executado e a maneira com que, em vez de confiar em comitês de conselheiros, ele "controla tudo por si mesmo", e por isso foi capaz de agir repentinamente e com rapidez.

Ainda impressionado pelos acontecimentos, pouco depois de retornar à Florença em 23 de janeiro, ele escreveu uma crônica do evento, de 2.500 palavras, intitulada *Descrição dos Métodos Adotados pelo Duque Valentino ao Assassinar Vitellozzo Vitelli, Oliverotto da Fermo e Outros*. A narrativa teve boa dose de licença poética: Maquiavel colocou Vitellozzo pedindo clemência por seus erros e (talvez menos fantasiosamente) Oliverotto culpando Vitellozzo por tudo. Mas o trabalho foi mais que um exercício literário ou simples registro de acontecimento histórico. Foi uma análise de como um líder valente e engenhoso pôde sobrepujar e esmagar de forma implacável seus inimigos. Um pequeno fragmento de história foi apresentado com uma intenção de lição, um exemplo proveitoso de como um homem talentoso e capaz nas garras do perigo podia chegar a uma vitória. Lições importantes sobre a arte de governar e a liderança podiam ser aprendidas das incursões de César Bórgia nos meses finais de 1502, Maquiavel acreditava. Neste breve relato, pode-se perceber a germinação de uma ideia que encontraria sua expressão completa uma década depois, na obra que tornaria Maquiavel, à sua própria maneira, tão temido e suspeito quanto Bórgia.

O principado de César Bórgia não iria durar. "Este mês é fatal para homens gordos", seu obeso pai, o papa Alexandre VI, observou com melancolia no princípio de agosto de 1503. Isto realmente aconteceu no seu caso, uma vez que duas semanas depois ele estava morto, provavelmente de malária. Durante a mesma semana, seu filho César foi vítima de uma febre tão intensa que ordenou que seus homens o mergulhassem até o pescoço em água gelada. Esta enfermidade, junto com a morte de seu pai, significou que os ganhos territoriais de Bórgia foram rapidamente corroídos. Menos de um mês depois do funeral de Alexandre, os Vitelli retomaram o poder em Città di Castello, Jacopo d'Appiano recuperou Piombino e Guidobaldo da Montefeltro ocupava de novo a sua residência no Palazzo Ducale, em Urbino. Mas o pior estava por vir, e, antes do fim do ano, Bórgia foi confrontado com um inimigo muito mais astucioso e perigoso do que os vigários da Romagna.

Alexandre VI fora sucedido em setembro pelo papa Pio III; mas Pio morreu após somente 26 dias de pontificado, e outro conclave foi realizado no final de outubro. Maquiavel foi até Roma, em sua primeira visita à cidade, para observar os acontecimentos de parte da Signoria. Deixando para trás sua esposa em gravidez avançada (Marietta já havia dado à luz sua filha, Primerana, no ano anterior), ele chegou em 27 de outubro de 1503, a tempo de testemunhar a destruição do homem que ele havia admirado como líder político exemplar.

Maquiavel relatou aos florentinos que vários candidatos importantes estavam cortejando Bórgia por causa de sua influência (graças ao seu sangue ibérico) junto aos cardeais espanhóis. O vencedor acabou sendo um cardeal poderoso chamado Giuliano della Rovere, que assinou um pacto com Bórgia prometendo, se eleito, mantê-lo como capitão-geral da Igreja (posto que ocupara durante o papado de seu pai) e também ajudá-lo a recuperar suas terras na Romagna. Bórgia conseguiu os votos espanhóis, e, em primeiro de novembro de 1503, o cardeal della Rovere, aos 59, iniciou seu pontificado como papa Júlio II.

Maquiavel suspeitou que Bórgia, até então brilhante na criação de táticas, havia cometido um grave erro. "O duque se deixou levar por sua tremenda autoconfiança", ele escreveu, "acreditando que as palavras dos outros valiam mais do que as suas próprias". De fato, Júlio não tinha a menor intenção de cumprir a sua parte no acordo. Ele e o pai de César, o papa Alexandre VI, haviam sido inimigos mortais: um dos primeiros atos de Alexandre ao entrar no Vaticano em 1492 foi tentar servir uma taça de veneno ao seu rival. O cardeal della Rovere então havia abandonado Roma e amargou uma década inteira de exílio na França, arquitetando a destruição de seu inimigo. Maquiavel relatou os comentários de que o "ódio inato" do novo papa por César era notório. "Não é possível supor", ele observou, "que Júlio II tenha esquecido os dez anos de exílio que foi forçado a cumprir no regime de Alexandre VI". Júlio sem dúvida não tinha esquecido, e a retribuição chegou velozmente para Bórgia. Na terceira semana de novembro, ele foi despojado de seu título de duque da Romagna e forçado a entregar as chaves e senhas de seus castelos, uma vez que todos eles, o papa dizia, eram propriedade da Igreja. Quando ele recusou, Júlio mandou prendê-lo. O reinado de terror do duque Valentino estava no fim.

O estratagema de Júlio reproduziu perfeitamente a maneira com que Bórgia havia tratado os *condottieri* um ano antes. A queda de Bórgia foi amplamente comemorada, e não menos em Florença, onde se dizia que ele tinha sido "pago na mesma moeda por suas crueldades". Ainda assim, tamanho logro sem-vergonha — quebrar um pacto enquanto a pena da caneta ainda estava molhada — geralmente atraía arrepios morais. Dante, por exemplo, tinha uma visão sombria de toda trapaça política, perguntando retoricamente: "Que homem bom poderia desejar obter ganhos por meios da força ou da fraude?"[1] Assim que na *Divina Comédia* ele colocou Guido da Montefeltro, um notório fraudador de tratados e contratos, no Oitavo Canto do Inferno, onde ele era aprisionado numa chama eterna como punição por seus "meios sutis de agir escondido".[2] Dante certamente condenaria os meios sutis de Júlio, porém, Maquiavel, o homem mais tarde abominado por sustentar que os príncipes deviam aprender como serem mentirosos e enganadores, foi mais comedido em seu julgamento. "Nós vemos que este papa está começando a pagar suas dívidas honradamente", escreveu, sarcasmo gotejando de sua pena. "Ele as elimina com a penugem de algodão de seu porta-tinteiro." Se Maquiavel lamentava, por um lado, a derrocada de seu herói, ele sublinhava a atitude decidida e inescrupulosa do papa, um líder que, assim como Bórgia, estava disposto a usar tanto a força quanto a fraude para atingir seus fins. Com um mestre de lições políticas varrido de cena, outro chegava para ocupar seu lugar.

A queda de César Bórgia foi uma fonte de curiosidade e perplexidade para Maquiavel. Bórgia parecia ter feito todo o possível, na opinião de Maquiavel, para lançar os alicerces de um governo longo e bem-sucedido. Ele tinha eliminado muitos de seus inimigos; governado a Romagna com energia e eficiência; recrutado uma força de combate entre os próprios súditos; conquistado influência e privilégios no Vaticano e na corte francesa; e desfrutado de uma tremenda influência no colégio dos cardeais. Apesar disso tudo, seu principado durou apenas dois anos. Como, então, tudo deu errado? Quais foram as causas de sua queda, e o que poderia ter sido feito diferente?

Para tentar entender e explicar o destino infeliz de Bórgia, Maquiavel procurou um astrólogo. A prática da astrologia estava tão difundida em Florença como no resto da Europa. Poucos governantes no século XV se atreveram a lançar a pedra fundamental de um *palazzo* ou de uma igreja, assinar um tratado, empregar um *condottiere*, ou mesmo consagrar o altar de uma catedral, sem antes consultar um astrólogo para se assegurar do ato. Carlos VIII da França, por exemplo, tomou a precaução de consultar seu astrólogo, Simon Phares, antes de invadir a Itália em 1494; e apesar de sua enorme crença em suas próprias capacidades, Bórgia dependia igualmente da astrologia. Ele contratou vários praticantes, entre eles um espanhol chamado Gaspar Torella, que convenientemente era também eficaz no tratamento da sífilis. Durante a crise dos *condotierri*, estes astrólogos informaram a Bórgia que as estrelas indicavam ser 1502, como ele alegremente revelou a Maquiavel, "um mau ano para súditos se rebelarem contra seus senhores". Aquela previsão pode ter se mostrado verdadeira, mas o ano de 1503 foi, aparentemente, menos favorável para a sorte dos tiranos.

Maquiavel, assim como quase todos, foi fisgado pelo que Savonarola — um dos poucos inimigos da astrologia — chamava de "falácia perniciosa". Suas análises jurídicas dos acontecimentos históricos e políticos estiveram a reboque de uma crença na aceitação predominante de que o movimento dos céus poderia influenciar, e mesmo controlar, os acontecimentos na Terra. Mas qual era a relação precisa, ele desejava conhecer, entre as ações humanas e estes eventos astrológicos? O destino de Bórgia estava escrito nas estrelas, tornando assim sua derrota inevitável? Eram os seres humanos meros joguetes nas mãos das forças invisíveis que controlavam o destino? Ou era possível se opor a estas influências celestes e exercitar a liberdade do arbítrio e da ação?

Estas questões filosóficas estavam muito presentes na cabeça de Maquiavel nos meses que seguiram a derrocada de Bórgia. Para obter as repostas, ele se voltou para Bartolomeo Vespúcio, professor de astronomia da Universidade de Pádua e autor de um tratado intitulado *Em Louvor da Astrologia*. Nos primeiros meses de 1504, ele escreveu uma carta para Vespúcio, um florentino, indagando se era possível para um homem resistir à influência dos astros. Vespúcio respondeu no princípio de junho, garantindo a ele que "todos os antigos proclamaram em uníssono que o homem verdadeiramente sábio é capaz de alterar a influência dos astros". Vespúcio certamente estava se referindo, entre outros, a Aristóteles, que argumentou em seu *Magna moralia* (Grande ética) que os astros tinham controle sobre os "bens externos" do homem (pais, amigos, riqueza, força física, aparência pessoal), mas não sobre as virtudes morais e intelectuais, que ele chamou de "bens da alma". O determinismo astrológico havia sido refutado mais recentemente por São Tomás de Aquino, que escrevera na *Summa theologiae* que "os astrólogos têm o costume de dizer que 'o homem sábio governa as estrelas', já que ele governa suas próprias paixões".

A autoridade dos astros havia sido atacada ainda mais recentemente por Giovanni Pico, o conde de Mirandola, um dos intelectuais mais brilhantes do círculo de Lorenzo, o Magnífico. Em um tratado publicado postumamente em 1496, *Contestações à astrologia*, Pico negou qualquer influência dos astros sobre a mente humana, que não era sujeita, ele defendia, ao tempo ou ao espaço. O homem tinha liberdade para pensar — e, portanto, para agir — independentemente da disposição das constelações. Como Vespúcio colocou, o homem tinha a liberdade e a capacidade para escolher seu caminho, "dirigindo seus passos agora por um caminho, e então por outro".

Por volta de 1504, a ideia de que um homem racional podia contornar a influência dos astros estava tão difundida que as indagações de Maquiavel devem ter parecido ingênuas a Vespúcio, e talvez até ignorantes. Seja como for, Vespúcio tinha dado a Maquiavel permissão para imaginar um mundo no qual os homens eram livres para se opor à tirania de seus horóscopos e se tornarem senhores dos próprios destinos. Pelos próximos anos, Maquiavel continuaria a refletir sobre a trajetória de César Bórgia neste contexto, junto com as possibilidades de enfrentar o destino escrito nas estrelas.

VII

Maquiavel retornou a Florença na metade de dezembro de 1503, após quase oito semanas em Roma. Durante sua ausência, Marietta deu à luz um menino, batizado de Bernardo em homenagem ao pai de Nicolau. "Ele é cabeludo como você", Marietta escreveu, acrescentando com carinho: "E como se parece com você, para mim ele é bonito." Um amigo chamado Luca Ugolini confirmou com alegria essa semelhança: "Sua senhora Marietta não lhe enganou, porque ele é você cuspido. Leonardo da Vinci não teria feito um retrato tão igual." Entretanto, Biagio Buonaccorsi alertou que, como sempre, Marietta estava ansiosa pela volta do marido. "Ela vive em grande aflição por causa de sua ausência prolongada", ele contou a Maquiavel em meados de novembro, e 15 dias depois escreveu exasperado: "Meu Deus, não há maneira de acalmá-la e consolá-la dessa dor." Maquiavel, apesar de tudo, parece não ter tido pressa alguma de rever sua mulher e conhecer o novo filho. Ao ser instruído pelos Dez, nos primeiros dias de dezembro, que retornasse imediatamente a Florença, ele arranjou várias desculpas para prolongar sua estadia em Roma por mais duas semanas. Um de seus prazeres na Cidade Eterna era cantar com os amigos, acompanhado de um instrumento de cordas tocado com arco chamado rabeca.

Sua esposa e o casal de filhos não eram os únicos que Maquiavel ignorava durante a temporada em Roma. Para desencanto de Biagio, Maquiavel podia ser igualmente negligente nas obrigações com seus superiores na Signoria. Em novembro, ele recebera uma carta de um membro da Signoria, Agnolo Tucci, um comerciante de papel, solicitando um relatório sobre a política de Júlio II para a Romagna. Quando a carta ficou sem resposta — uma ofensa arrogante — Tucci ficou furioso, acusando Maquiavel numa reunião da Signoria com linguagem, relatou Biagio, "que era sem dúvida de natureza ruim". Para piorar a situação, ninguém se levantou em defesa de Maquiavel; os demais membros da Signoria, de acordo com Biagio, simplesmente consentiram com a cabeça, aprovando as denúncias.

Maquiavel finalmente se dispôs a responder, escrevendo uma carta para Tucci que foi uma obra-prima de desprezo. Batendo forte na escrita supostamente pobre do comerciante de papéis e no seu desconhecimento do latim, ele deixou claro seu desdém: Tucci era um político amador cujas demandas insignificantes e experiência limitada em assuntos públicos incomodavam um especialista amadurecido como ele. Biagio logo advertiria Maquiavel de que ele precisava adular seus superiores no Palazzo della Signoria, "porque todo mundo deseja ser afagado e admirado, então, é o que alguém que se encontra na sua posição deve fazer. Algumas poucas palavras gentis com duas ou três notícias darão satisfação". Maquiavel, no entanto, parece que não conseguia suportar os tolos com um sorriso no rosto ou — considerando as lições que acabara de aprender com César Bórgia — exercitar seus poderes de dissimulação.

As imprecações de Tucci não atrapalharam a carreira de Maquiavel, uma vez que ele foi reconduzido à chancelaria um mês após voltar a Florença. No final de janeiro ele recebeu uma missão importante, sua segunda para a França. Três anos depois de sua última visita, e nove anos desde a invasão de Carlos VIII, a situação dos franceses na Itália estava complicada. Luís XII não desejava apenas o trono francês, mas também os de Nápoles e Jerusalém. Se em relação a este último era um desejo fantasioso, nos anos anteriores ele esteve perto de realizar sua ambição quanto a Nápoles. Em 1500, ele e o rei Ferdinando II, de Aragão, assinaram o Tratado de Granada, aliando-se para depor o rei Federico IV (por acaso, primo de Ferdinando) e repartir o reino de Nápoles entre eles. Esse objetivo foi facilmente alcançado um ano depois, mas desentendimentos sobre os termos do Tratado de Granada provocaram uma guerra entre os dois signatários no verão de 1502. Os franceses alcançaram algumas vitórias iniciais, mas, em 1503, Gonsalvo de Córdoba, conhecido como *El Gran Capitán*, infligiu duas derrotas devastadoras às forças de Luís XII, uma em Cerignola, 120 quilômetros a nordeste de Nápoles, e a segunda, e final, nas margens do rio Garigliano. O poder francês em Nápoles chegou a um final sangrento e definitivo.

A nova missão de Maquiavel na França, em 1504, estava diretamente ligada àqueles acontecimentos. Ele devia confirmar a intenção de Luís XII de proteger Florença dos espanhóis — uma ameaça nova e grave à Itália — no caso de Córdoba progredir com o seu exército para o norte para reivindicar a Toscana para o rei Ferdinando. Viajando no meio do inverno, Maquiavel foi recebido na corte em Lyon por seu antigo oponente, o cardeal de Rouen. O todo-poderoso Roano ouviu seus apelos com desagrado — os franceses tinham problemas suficientes para se preocuparem com o destino de Florença —, mas no final ele acalmou as ansiedades florentinas com a notícia de uma trégua entre França e Espanha. Com este problema resolvido (apenas por um tempo, no fim das contas), Maquiavel voltou para Florença no meio de março. Sua atenção foi, então, dirigida para outros assuntos: o problema sempre presente de Pisa.

Na primavera de 1504, Pisa havia atingido quase uma década de independência de Florença. Os descontentes deram poucos indícios de abdicar da autonomia, embora em maio os florentinos tivessem conseguido ocupar a fortaleza de Ripafratta. Isto os levou a planejar um ataque maciço à cidade rebelde, até que uma notícia chegou a Florença, a de que os pisanos feitos prisioneiros em Ripafratta diziam que por trás das muralhas de Pisa estavam 2 mil combatentes bem armados, além de 500 homens de infantaria e 300 de cavalaria, sustentados por Siena e Lucca. A vontade de lutar dos florentinos, nunca muito forte, arrefeceu rapidamente. Em vez disso, um novo e astucioso plano começou a ser executado. Em julho, os membros da Signoria votaram pelo início de uma obra de grande ousadia: alterar o curso do rio Arno, deixando Pisa isolada e seca.

Havia um precedente embaraçoso para este projeto florentino de utilizar a engenharia hidráulica a serviço da guerra. Em 1430, o arquiteto Filippo Brunelleschi tentara subjugar Lucca, construindo uma barragem ao longo do rio Serchio, para inundar todo o campo ao redor e deixar os habitantes da cidade isolados no meio de um lago. Para a desgraça do plano de guerra dos florentinos, a barragem foi rompida pelos luqueses, fazendo com que o campo florentino alagasse e um humilhado Brunelleschi tivesse que bater em retirada para um terreno mais alto. Sem se deixar abalar por esta experiência, desta vez os florentinos propuseram um canal de 19 quilômetros de comprimento e 9 metros de profundidade para redirecionar o Arno — a fonte vital dos pisanos — para um pantanal quase 10 quilômetros ao sul de Pisa. Assim como os luqueses, os pisanos teriam todo contato com o mundo exterior completamente interrompido. Enquanto o grande Brunelleschi comandara a iniciativa de 1430, desta vez a empreitada teria à frente alguém cuja reputação para a feitiçaria técnica chegava perto de Brunelleschi: Leonardo da Vinci, então com 52 anos.

Maquiavel provavelmente se encontrou com Leonardo dois anos antes, quando o artista itinerante estava a serviço de César Bórgia como arquiteto militar. Embora Leonardo fosse conhecido em Florença principalmente como pintor, ele nutria também ambições no campo da engenharia militar — traço de fina ironia num vegetariano que odiava os caçadores e não aguentava ver um pássaro na gaiola. Mas quando trocou Florença por Milão em 1482, aos 30 anos, Leonardo levou consigo uma carta para Lodovico Sforza que ressaltava seus talentos para construir catapultas e canhões, drenar fossos e destruir fortificações com túneis e bombas (somente no final da carta havia a menção de que ele era também pintor e escultor). Leonardo se estabelecera na corte de Sforza pelos 17 anos seguintes, desenhando (embora não chegando a construir) equipamentos militares, de simples bestas a metralhadoras que aumentariam o volume e a velocidade do fogo, e até mesmo um tanque de quatro rodas armado com canhões e revestido com placa de metal. Ele também estudou balística, para que as balas de canhão pudessem atingir o inimigo com mais precisão. De alguma forma, conseguiu tempo entre todas estas atividades para pintar *A Última Ceia* e inventar o primeiro assento de vaso sanitário do mundo.

Aparentemente, Leonardo começou a trabalhar no projeto para a mudança de curso do Arno no verão de 1503, quando visitou alguns lugares no vale do rio, junto com um músico chamado Giovanni Piffero, pai do ourives Benvenutto Cellini, então um bebê. Ele havia retornado a Florença e nos meses seguintes se dedicou a estudos de viabilidade para a construção do canal. Entre seus cálculos estavam estudos que o permitiram estimar que a tarefa de mover um milhão de toneladas de terra consumiria 54 mil diárias de trabalhadores e exigiria várias máquinas escavadeiras, para as quais ele produziu desenhos. Nada seria deixado por conta da sorte. Ele calculou até mesmo que cada balde de terra passaria pelas mãos de nada menos que 14 trabalhadores na trajetória do fundo do canal para o topo de sua margem.

O desvio do Arno iria produzir efeitos benéficos para Florença, independentemente da dominação dos pisanos, uma vez que tornaria o rio mais navegável e seria também uma defesa contra as inundações que destruíam as colheitas e alagavam Florença. O projeto ganhou rapidamente o apoio de Piero Soderini, e no verão de 1504, o *gonfaloniere* conseguiu persuadir seus pares na Signoria de que ele era oportuno. A primeira pá de terra foi tirada em 20 de agosto, com 2 mil operários, protegidos por outros mil soldados, recebendo o salário de um *carlino* por dia pelo trabalho sob um calor de fornalha. Para colocar esse valor infame no contexto, um *carlino* por dia era o que, no mesmo mês, Leonardo decidira cobrar de um novo aprendiz para morar e trabalhar em sua casa.

Leonardo já deixara o projeto para voltar a trabalhar com o pincel: não apenas em *Mona Lisa*, como também num amplo mural mostrando a Batalha de Anghiari, uma vitória florentina sobre Milão em 1440, que a Signoria lhe havia encomendado para adornar uma parede no salão do Grande Conselho. O projeto ficou, pelo menos em parte, nas mãos de Maquiavel que, de sua mesa na chancelaria, começou a escrever dezenas de cartas em nome dos Dez para os supervisores no campo. Maquiavel provavelmente apoiava o projeto do canal desde o princípio. Ele pode até ter feito parte do grupo que visitou o vale do Arno com Leonardo no verão de 1503. De qualquer forma, ele e Leonardo estabeleceram um relacionamento cooperativo logo depois de sua chegada de Imola. A influência de Maquiavel no governo assegurou a Leonardo a pintura do mural no Palazzo della Signoria. Ele mesmo assinou o contrato de Leonardo com a Signoria, em maio de 1504, e seu assistente, Agostino Vespúcio, traduziu para o italiano o relato em latim da Batalha de Anghiari, com base no qual Leonardo (que não sabia latim) trabalharia.

Enquanto Maquiavel cuidava da administração, os aspectos técnicos do projeto do canal eram a responsabilidade de um engenheiro chamado Colombino. Baseado nos cálculos de Leonardo, Colombino esperava completar a obra do canal em um mês; porém, a realidade era diferente. Apesar dos estudos serem impressionantes, os cálculos de Leonardo se revelaram otimistas demais, e logo ficou claro que seria necessário muito mais trabalho. Pior ainda, havia falhas no desenho que faziam o dique malogrado de Brunelleschi parecer um golpe de mestre da engenharia civil.

Maquiavel ficou ciente dos problemas no primeiro mês das escavações. Ele já tinha dúvidas a respeito da capacidade de liderança e da força de caráter de Colombino: "Como pessoa, ele é tão reservado", ele informou um dos comissários, "que não se ressalta no meio daquela multidão de homens e dos preparativos". No meio de setembro, ele passou a ter motivos para questionar a capacidade de Colombino em engenharia também. O engenheiro fez uma série de alterações no desenho de Leonardo, em parte porque as cartas de Maquiavel mostravam a necessidade de andar depressa. Maquiavel ficou preocupado de que talvez o declive do canal não estivesse íngreme o suficiente e que o seu leito estaria mais alto que o do Arno. Seus anseios tinham fundamento, porque no final de setembro a água do Arno não entrava no canal, exceto na maré alta, e quando a maré abaixava a água simplesmente escoava de volta para o leito do rio. Soderini conseguiu um fôlego para o projeto, ao fazer passar pelo Conselho dos Oitenta um decreto ordenando a continuação das obras, mas àquela altura o canal parecia cada vez mais sem futuro. De acordo com um comissionário de campo, os operários estavam trabalhando com "pouca disposição", enquanto Colombino se mostrava sem esperanças e "culpando as circunstâncias adversas". As cartas de Maquiavel mostram que ele ainda esperava salvar o projeto, pelo menos até a primeira semana de outubro, mas naquele ponto o empreendimento inteiro ruiu de forma abrupta e inglória quando uma tempestade violenta desabou, fazendo ruir as paredes do canal. O projeto foi abandonado de imediato, e os pisanos saíram para encher a vala. "Como é grande a distância", suspirou o historiador Francesco Guicciardini, "entre planejar uma coisa e colocá-la em prática".

No final, a operação desastrosa para mudar o curso do Arno custou 7 mil ducados e provocou a morte de 80 trabalhadores. Também custou a Piero Soderini e seus pares uma boa dose de desconfiança. A consequência imediata do enorme fracasso foi uma crise fiscal em Florença, que levou, por sua vez, a uma perigosa situação política. O Grande Conselho do Povo, irritado com o aumento dos impostos pela incompetência de Soderini na guerra, recusou-se a aprovar a legislação fiscal proposta pela Signoria. Sem a receita, Soderini não pôde pagar os 40 mil ducados anuais pela proteção de Florença, a seu aliado principal, Luís XII da França; e sem a proteção de Luís XII, Florença estaria à mercê dos espanhóis.

A ameaça espanhola à Florença se tornara cada vez mais real no verão de 1504, quando Maquiavel recebeu notícias na chancelaria de que Bartolomeo d'Alviano, um *condottiere* a serviço de Gonsalvo de Córdoba, estava marchando de Roma para o norte com um exército de vários milhares de homens "para derrubar nosso governo e colocar a Toscana sob controle da Espanha". A conquista de Florença seria o primeiro passo num plano complexo dos espanhóis para expulsar os franceses de Milão. A derrota francesa em Nápoles em 1503 havia alimentado esperanças em seus inimigos de que o ducado poderia ser reconquistado para a família Sforza. Uma vez que Florença, sob o governo de Soderini, era uma leal aliada dos franceses, o irmão de Lodovico Sforza, um cardeal chamado Ascanio, fez um acordo com Gonsalvo de Córdoba, pelo qual a República Florentina seria derrubada, e os Medici, restituídos ao poder; os Medici tomariam parte, por sua vez, na expulsão dos franceses de Milão.

Foi nessa atmosfera de medo e rumor, em novembro de 1504, que Maquiavel começou a escrever seu poema de 550 linhas intitulado *Decennale primo* (Primeiro decênio). Escrito em duas semanas, o poema é uma narrativa das "agruras italianas" nos dez anos anteriores. Sua narrativa impenitente de horror e sofrimento — os versos de Maquiavel relatam impiedosamente "acontecimentos cruéis e selvagens" — é atenuada somente no final por uma lufada de otimismo sugerindo que os italianos podem, mais uma vez, assumir o controle de seus interesses: eles deviam "reabrir o Templo de Marte". Com esta metáfora, Maquiavel exorta os italianos a abandonarem os mercenários displicentes e traidores e, em vez disso, contarem consigo mesmos — especificamente com milícias formadas pelos próprios cidadãos. A exortação foi muito mais do que um exercício literário. Na esteira do fiasco do canal, Maquiavel voltou sua atenção para esta proposta, como salvação, não apenas de Florença, mas de toda a Itália.

VIII

O fracasso do projeto do Arno foi seguido, nos primeiros meses de 1505, de mais humilhações para Florença, nas mãos dos pisanos. Em março, tropas florentinas comandadas por um *condottiere* inferior, Lucca Savelli, levaram uma sova estrondosa na ponte a Capelletto. Cinquenta de seus combatentes foram mortos por um pequeno contingente de pisanos, e 370 foram presos. Os sobreviventes da batalha foram, então, cercados e roubados pelos camponeses enquanto fugiam. A derrota impediu que os cereais importados chegassem a Florença, fazendo com que o preço do milho subisse por todo o mês de abril. A fome e tumultos clamando por pão prosseguiram em maio.

Buscando uma solução para o problema, a Signoria enviou Maquiavel para Castiglione del Lago, 80 quilômetros a sudeste de Florença, na margem oeste do lago Trasimeno, para negociar com Gianpaolo Baglioni, de Perugia. Baglioni já firmara um pacto para guerrear por Florença; na primavera de 1505, entretanto, subornado por partidários dos Medici e influenciado por seu cunhado Bartolomeo d'Alviano (ele mesmo no meio dos preparativos para uma invasão de Florença por parte da Espanha), estava tentando se livrar deste compromisso com o pretexto de que precisava de suas tropas para a própria defesa. Maquiavel o "alfinetou de todos os lados", como ele relatou à Signoria. Havia certamente um elemento de ironia no sermão a que Maquiavel submetia Baglioni, lembrando-o de sua "reputação de boa fé" e da importância de se manter a palavra. Baglioni, entretanto, não se deixou persuadir pelos argumentos de Maquiavel e manteve sua recusa.

Mesmo fracassando na missão, Maquiavel foi investido de plenos poderes diplomáticos e enviado a Mântua; aqui ele obteve mais sucesso na negociação com Francesco Gonzaga, o marquês de Mântua. Florença também buscou apoio em Ercole Bentivoglio, um membro da família que governava Bologna. Este *condottiere* de 46 anos tinha mais de 20 anos de experiência em combate contra Veneza, Gênova e Siena. Em 1501, ele apoiara a tentativa de Vitellozzo Vittelli contra Florença, embora, pouco depois, em uma das trocas de fidelidade pelas quais os mercenários eram conhecidos, passasse a liderar as tropas florentinas contra Pisa (numa campanha durante a qual ele acusou a esposa, Barbara, de adultério, e então tentou envenená-la).

O compromisso desses *condottieri* veio no momento decisivo. No princípio de agosto, um exército de cerca de 2 mil homens comandados por Alviano, incluindo besteiros a cavalo, invadiu a Toscana. As negociações frenéticas de Maquiavel nos meses anteriores pareceram inúteis, na medida em que os florentinos se viram mal-apoiados por seus aliados. Quando Alviano apareceu no horizonte, os franceses se recusaram a dar qualquer apoio militar, com a posição míope de que Florença estava inadimplente no seu pagamento de 40 mil ducados, enquanto o covarde marquês de Mântua (que usava seus ataques de sífilis como desculpa para se ausentar das batalhas) ficou fora da luta com o pretexto de que os franceses não haviam aprovado seu contrato. Felizmente, Ercole Bentivoglio, o homem que conquistara Ripafratta, era mais corajoso. Em 17 de agosto, ele venceu Alviano em San Vincenzo, matando ou desarmando o exército inimigo inteiro, e capturando a linha de mantimentos de Alviano, além de mil cavalos. Os florentinos, povo desacostumado a comemorar vitórias militares, colocaram, triunfantes, os estandartes e o capacete de Alviano em exposição no salão do Grande Conselho do Povo.

Exultantes com aquela vitória esmagadora e dispostos a tirar proveito dela, Soderini e a Signoria logo enviaram Bentivoglio para atacar Pisa. O *condottiere* teve um começo animador na primeira semana de setembro, danificando partes do muro da cidade com sua artilharia. Mas numa triste reprise de 1499, as tropas de Bentivoglio se amotinaram contra seus capitães e se recusaram a adentrar a cidade. Abandonou-se a tentativa, com Florença novamente passando vergonha e descrédito.

Maquiavel escolheu este momento de baixa na sorte florentina para fazer avançar o seu plano novo. Ele se convencera de que grande parte da desgraça de Florença podia ser lançada na conta dos mercenários. Por muito tempo ele vinha lamentando as circunstâncias em que Florença era obrigada a colocar seu destino nas mãos de homens sem lealdade, nem integridade, além daquilo que podia ser comprado por um saco de ducados. Ele observara como a república fora repetidamente frustrada pela traição de Paolo Vitelli, pela indisciplina e ganância dos suíços, a aliança dúbia de Gianpaolo Baglioni, a mediocridade de Lucca Savelli, e agora a covardia do marquês de Mântua. Florença precisava, urgentemente, pôr um fim na sua dependência destes soldados do vil metal, egoístas e inescrupulosos. Mas de onde, neste caso, suas armas viriam?

Entre as muitas coisas que impressionaram Maquiavel sobre César Bórgia estava seu recrutamento de uma milícia de cidadãos, formada pelos mais vigorosos e calejados camponeses da Romagna. Confrontado pela perda de seus combatentes mercenários durante a crise de 1502, Bórgia havia alistado bandos de guerreiros para, com eles, enfrentar a ameaça. Ao vê-los num desfile militar em Imola, Maquiavel tinha se impressionado por bem mais do que seus encantadores uniformes amarelo-carmesim: ali estavam homens motivados para lutar por sua terra — pela sobrevivência de seus lares, lavouras e famílias —, em vez da expectativa de pagamento ou saque.

Antigamente, como Maquiavel sabia bem, Florença tivera sua própria milícia comunal. Na metade do século XIII, todos os jovens da cidade e do campo haviam sido inscritos em 95 regimentos. Convocados pelas autoridades em tempos de crise pelo toque de um sino chamado a *Martinella*, eles eram obrigados a se apresentar armados e prontos para a batalha. Havia várias cerimônias e tradições, uma das mais estranhas sendo o badalar da *Martinella* por um mês inteiro antes do inimigo ser atacado — ritual que indicava uma autoconfiança extrema, para não falar da crença de que atacar um adversário de surpresa era uma tática vergonhosa. Logo se tornou claro, entretanto, que os cidadãos de uma próspera república mercantil não seriam, necessariamente, os melhores guerreiros, e nem traziam vantagens à economia do Estado quando embarcavam em longas campanhas militares que os afastavam de seus negócios e fazendas e, pior ainda, os levavam à morte. Um encontro catastrófico com um pequeno grupo de cavaleiros alemães, fora das muralhas de Siena, na batalha de Montaperti em 1260, resultou em 4 mil baixas florentinas, atingindo, dizia-se, homens de todas as famílias. Em meados do século XIV, a milícia comunal entrara em declínio, e quando Florença foi à guerra contra Lucca em 1336, só o fez depois de gastar 100 mil florins com mercenários estrangeiros. Um século depois, as guerras na Itália eram travadas quase que exclusivamente pelos *condottieri*.

Maquiavel acreditava que, apesar das desvantagens, a antiga milícia de cidadãos tinha sido responsável pela salvaguarda das liberdades florentinas, tornando possível a prosperidade da república. Na primavera de 1504, ele discutiu com Francesco Soderini, o irmão do *gonfaloniere*, a ideia de reviver aquela instituição. Soderini (recém-eleito cardeal) encorajou a iniciativa, classificando-a como "uma coisa tão necessária e tão bem-fundada". Aparentemente, aqueles em postos de maior autoridade pensavam de outra maneira naquela altura, comprometendo-se em vez disso com a empreitada desastrosa do canal. Ainda assim, o cardeal Soderini incentivou Maquiavel a manter sua fé: "Não esmoreça, pois o favor que não é concedido um dia será concedido no outro."

No outono de 1505 chegou o dia daquele favor ser concedido. Maquiavel recebeu carta branca do *gonfaloniere* e da Signoria para começar a recrutar um exército de cidadãos em regime experimental. As primeiras semanas de 1506 o encontraram em seu novo quartel-general em Poppi, uma pequena cidade nas colinas, na região de Casentino, 40 quilômetros a leste de Florença. Localizada num vale da parte superior do Arno, Casentino era uma região bonita e selvagem, com colinas árduas entrecruzadas por íngremes trilhas de mulas e cobertas por densas florestas de pinheiros, lar de águias e terra de javalis. Casentino era conhecida também por seus mosteiros e místicos: Francisco de Assis havia recebido os estigmas do sofrimento de Cristo numa montanha de Casentino. Mas era também uma região acometida por bandidos e rufiões, um território sem lei, onde, como constou de um relatório da Signoria, "diariamente acontecem conflitos armados e homicídios". Era exatamente dos vigorosos homens desta região, e dos vales vizinhos do Mugello para o oeste, que Maquiavel esperava formar sua milícia.

O plano ambicioso de Maquiavel era reunir 10 dez mil homens. Para isso, ele recrutou para o serviço militar todos os homens entre 18 e 30 anos. Os soldados seriam organizados em cerca de trinta companhias, cada uma com 3 mil homens; algumas companhias de um mesmo vale ou um agrupamento de vilarejos vizinhos formariam um batalhão sob o comando de um guarda policial. Um homem de cada dez era para estar armado com um mosquete, enquanto os outros empunhariam lanças, bestas ou outras armas. As companhias eram reunidas para exercícios militares em vários dias festivos, mas não mais, decretou-se, do que 16 vezes por ano, enquanto os batalhões seriam passados em revista por seus comandantes a cada seis meses. Para apaziguar aqueles (e eram muitos) que temiam a perspectiva de se armar um populacho, a disciplina era rígida e implacável. Deserção era punida com a morte, enquanto que a recusa de um miliciano em participar de algum exercício ou da parada na praça da cidade era punida com um tratamento apenas um pouco menos rigoroso. Se as regras eram severas, o recrutamento pode ter sido amenizado pelo fato de que servir na milícia de Maquiavel representava uma redução automática de qualquer dívida ou pena criminal.

Maquiavel teve alguma dificuldade na formação da milícia. Primeiro, fez tanto frio nas primeiras semanas de 1506 que os rios congelaram por inteiro e, assim, jogavam-se sobre o Arno partidas de *calcio*, uma versão violenta e primitiva de futebol. Mais grave, a população de Mugello e Casentino tinha pouco sentimento patriótico em relação à Florença e, portanto, pouca vontade especial de pegar em armas por sua causa. Como se não bastasse, eles nutriam muito menos amor uns pelos outros. Aquela era uma região repleta de disputas e vinganças: Maquiavel descobriu que os camponeses de Petrognano odiavam os da vizinhança de Campana (e vice-versa) com tanto ardor que eles se recusavam a servir no mesmo batalhão. Nem o frágil incentivo financeiro foi capaz de produzir recrutas animados. A Signoria, sovina como sempre, pagaria a estes guerreiros três ducados por mês se uma guerra os afastasse de seus lares e terras, mas marchar e se exercitar nos dias festivos não lhes rendia pagamento algum.

Apesar disso, Maquiavel conseguiu com sua energia e eficiência reunir um bom número de milicianos para realizar uma parada em Florença no meio de fevereiro. Quatrocentos camponeses de Mugello foram trazidos à cidade, envergando coletes brancos, meias de vermelho e branco, quepes brancos e peitorais de ferro, para marcharem com mosquetes e lanças pela Praça da Signoria. Os florentinos ficaram maravilhados ao ver as tropas de guerreiros-camponeses. "Considerava-se a coisa mais fina arrumada para Florença", escreveu um observador. Algumas semanas depois, o cardeal Soderini escreveu uma carta de congratulação para seu amigo: "Você deve sentir mais do que um pouco de satisfação pelo fato de que uma coisa tão digna tenha começado em suas mãos. Por favor, persevere e a conduza para o fim desejado."

Em abril, Maquiavel contratou o infame d. Michelotto como *bargello*, ou chefe de polícia, para sua milícia. A escolha foi razoavelmente lógica, dado o papel que o espanhol teve na organização e policiamento da milícia de César Bórgia, alguns anos antes. Mas a chegada do capanga mais temido de Bórgia causou desconforto. Acusado por um florentino de ser um "monstro da maldade" e um "inimigo de Deus e dos homens", d. Michelotto tinha deixado rastro realmente impressionante de violência e assassinatos. Sua especialidade era o estrangulamento, e além de Vitellozzo Vitelli e Oliverotto da Fermo, muitos outros sucumbiram no aperto de sua corda. Suas vítimas incluíam Alfonso de Aragão, segundo marido de Lucrécia Bórgia, assim como o secretário do papa Alexandre VI, Francesco Troche. Após a conquista de Camerino, Bórgia enforcara o governante da cidade, Giulio Cesare da Varano, junto com seus três jovens filhos. Ele estrangulou até mesmo um sapateiro em Forlí, que cobrou caro demais por um par de botas na opinião de d. Michelotto. Quando ele atacou Fossombrone, da parte de Bórgia, em outubro de 1502, sua fama era tão assustadora que, de acordo com a lenda, muitas pessoas preferiram o suicídio do que cair em suas garras.

Este, então, era o homem a quem Maquiavel confiou os sonhos de liberdade, segurança e prosperidade de Florença. d. Michelotto recebeu ordens para entrar nos domínios florentinos e limpar a região de Casentino, acabando com os ladrões, rebeldes e vários outros delinquentes. Como era de se esperar, ele executou a tarefa com apetite, saindo com uma equipe de 150 mercenários para incendiar as casas dos suspeitos de bandidagem. A Signoria foi rapidamente pressionada a emitir uma ordem para que d. Michelotto agisse com uma mão menos pesada. Ainda assim, os esforços dele, e mais ainda os de Maquiavel, pareciam render bons dividendos: lá pelo fim do verão, 500 de seus milicianos estavam combatendo no território de Pisa.

IX

POUCO DEPOIS DE chegar ao poder em 1503, o papa Júlio II ganhou o apelido de *Il Papa Terribile.* Ele era uma personalidade assustadora. "É quase impossível", escreveu um embaixador veneziano, "descrever como ele é forte, violento e difícil de lidar. No corpo e na alma ele tem a natureza de um gigante. Tudo relacionado a ele está numa escala aumentada, tanto seus empreendimentos como suas paixões". A grandiosidade das ambições de Júlio era refletida em projetos como a reconstrução da basílica de São Pedro (ele havia lançado a pedra fundamental na Semana Santa de 1506) e a contratação de Michelangelo para esculpir seu mausoléu: um monumento de 12 metros de altura para abrigar quarenta figuras humanas de mármore de tamanho real.

Júlio também tinha planos grandiosos para fortalecer o prestígio e o poder da Igreja. Um de seus primeiros atos ao entrar no Vaticano foi publicar uma bula declarando os direitos inalienáveis da Igreja contra os usurpadores de seus domínios. Ele pensava, sobretudo, na Romagna, mas também nas cidades de Bologna e Perugia. Em dois anos, graças à redução de suas despesas domésticas e à venda de vários cargos da Igreja, ele acumulou cerca de 400 mil ducados, com os quais estava determinado a arrendar tropas para uma grande campanha militar. Com estes recursos, o papa esperava contratar os serviços do *condottiere* Marcantonio Colonna, de 28 anos, um herói da Batalha de Garigliano que acabava de casar com a sobrinha de Júlio, Lucrécia. Havia apenas uma dificuldade: Colonna já estava a serviço da República de Florença. A Signoria relutou em abrir mão de seus serviços porque ele estava ajudando na campanha interminável contra Pisa, e assim no verão de 1506 mandaram um emissário a Roma para repelir o papa e ganhar tempo. Nicolau Maquiavel foi forçado a interromper seu trabalho na formação da milícia e pegar a estrada para a corte de *Il Papa Terribile.*

Júlio partiu de Roma para sua aventura militar na mesma hora em que Maquiavel deixou Florença. Em 17 de agosto, o papa anunciou que pretendia comandar seu exército pessoalmente no confronto com os vigários da Romagna. "Com certeza, o papa deve ter exagerado no vinho!", reagiu Luís XII. Júlio, porém, cumpriu a palavra. Em 26 de agosto, ele deixou Roma com 500 homens armados e alguns milhares de lanceiros suíços. Na comitiva foram também 26 cardeais, grande parte da burocracia do Vaticano, o arquiteto Donato Bramante e o coral da Capela Sistina. Na dianteira da procissão estava a Hóstia consagrada, que havia sido cunhada com cenas da crucificação e da ressurreição. Maquiavel cruzou com a bizarra expedição em Nepi, cerca de 30 quilômetros ao norte de Roma, e, incrédulo, assistiu ao desenrolar dos acontecimentos.

"Ninguém acredita", Maquiavel relatou à Signoria, "que o papa será capaz de alcançar seus objetivos". Contudo, Júlio mais de uma vez frustraria as previsões dos céticos. Seu primeiro alvo era Perugia, a cidade da Umbria governada pela família Baglioni. Era uma cidade marcada por traição e sangue. Seis anos antes, os Baglioni patrocinaram a atrocidade que ficou conhecida como o "Casamento escarlate", quando o jovem de 26 anos Grifonetto Baglioni e seus correligionários massacraram membros da própria família, ao fim de uma festa de casamento de duas semanas. O noivo, Astore Baglioni, foi assassinado e teve seu coração devorado pelo parente Filippo Baglioni. Grifonetto foi morto na rua, pouco depois, por Gianpaolo Baglioni, que já havia matado o próprio pai e tomado sua irmã como amante. Gianpaolo se mostrou, porém, mais comedido na sua negociação com o papa. Encontrando com Júlio em Orvieto no início de setembro, ele cedeu a todas as exigências do pontífice, concordando em entregar fortalezas e reféns. Júlio e seus cardeais prosseguiram, então, em seu caminho para Perugia, na qual entraram desarmados em 13 de setembro.

Maquiavel conhecera o abominável Gianpaolo em 1505. Agora ele assistia com uma fascinação mórbida ao passo que Júlio se colocava à mercê desse tirano traidor bem armado. Ele estava admirado com a aparente imprudência do papa, e com o que mais tarde ele chamou de a "covardia de Baglioni". Claramente, ele pensava testemunhar — e até mesmo esperava — uma trapaça *à la* Bórgia, uma demonstração de força e fraude que culminaria com o assassinato de Júlio. Ele acreditava, como escreveu mais tarde, que Baglioni tivera uma "oportunidade perfeita" para matar o papa. A execução de Júlio teria sido "uma façanha pela qual todos teriam admirado sua coragem e pela qual ele teria deixado uma lembrança indelével de si mesmo". A dimensão da façanha, ele argumentou, teria neutralizado toda acusação de infâmia. Todavia, apesar de seus muitos atos de perfídia, Gianpaolo Baglioni refugou na hora de matar um papa.[1]

A aprovação escrita de Maquiavel do assassinato de um papa foi elaborada muito depois do episódio, num momento em que acreditava ter uma justa causa para abominar Júlio, a quem ele declarava estar "empenhado na ruína do Cristianismo". Porém, logo após o evento, Maquiavel não fazia apologias por assassinato no nome da justiça, mas se concentrou num enigma político. A observação minuciosa de Júlio certamente o levara a refletir sobre os elementos da liderança política. Em 1503, ele ficara perplexo com a queda súbita de César Bórgia, que parecia estar fazendo tudo certo. Desta vez, estava confuso com o sucesso do papa, que parecia estar fazendo tudo errado. Que lições, se é que alguma, poderiam se aprender com esses eventos inesperados?

Ainda em Perugia, Maquiavel escreveu uma longa carta a Giovan Battista Soderini, o filho de 22 anos do *gonfaloniere*. A carta tomou a forma de uma extensa meditação — 1.200 palavras — sobre o que ele chamou de "ação dos homens e suas maneiras de fazerem as coisas". A História mostrava, ele escrevia, que caminhos divergentes poderiam produzir resultados similares, enquanto maneiras parecidas de procedimento produziam, com frequência, resultados diferentes. Lorenzo, o Magnífico, por exemplo, tinha desarmado a população de Florença com o intuito de manter seu poder, enquanto em Bologna, Giovanni Bentivoglio conseguiu precisamente o mesmo efeito ao armar o povo. Acima de tudo, na mente de Maquiavel, estavam as ações de Júlio II, "que não tem balança nem régua na sua casa", mas conquistou pela impetuosidade "o que é difícil até mesmo com organização e armamentos".

Maquiavel dizia estar longe de conseguir explicar estas variações entre ação e resultado. "O motivo pelo qual ações diferentes são algumas vezes igualmente eficazes e algumas vezes igualmente danosas, eu não sei", ele confessou a Giovan Battista, "mas gostaria muito de saber". Ele então decidiu transmitir ao jovem sua própria opinião. "Eu creio que assim como a natureza criou pessoas com rostos diferentes", ele escreveu, "também as criou com intelecto e imaginação diferente. Por isso, cada homem age de acordo com seu próprio intelecto e sua imaginação". Um homem é naturalmente cruel, enquanto outro é naturalmente compassivo; alguns são impetuosos por natureza, enquanto outros são cautelosos ou calculistas. O homem cujos talentos naturais se adequarem ao caráter de seu tempo será obviamente bem-sucedido; enquanto quem se mostrar incapaz desta assimilação inevitavelmente irá fracassar. "E verdadeiramente, quem for sábio o suficiente para se adaptar e compreender o tempo em que vive, e a estrutura dos acontecimentos, sempre terá boa fortuna ou sempre manterá o infortúnio a distância."

Se neste ponto Giovan Battista esperava por um exame sobre a melhor maneira de compreender a estrutura dos acontecimentos e assim se adaptar aos tempos, ele deve ter ficado seriamente desapontado. Maquiavel não procurou explicar o comportamento contrastante de Lorenzo, o Magnífico, e Giovanni Bentivoglio com um estudo sobre, talvez, as diferenças sociais e políticas entre Florença e Bologna: ele simplesmente atribuiu modos particulares de comportamento para as naturezas distintas e inevitáveis dos homens. "Os homens são incapazes de dominar a própria natureza", ele escreveu, e, portanto, devem sempre agir da maneira prescrita pelo caráter. Longe de serem capazes de adaptar suas atitudes aos acontecimentos, eles não podem mudar "nem a imaginação, nem a maneira de fazer as coisas". Os homens estavam inteiramente sem o poder, Maquiavel disse a Giovan Battista, de fazer uma leitura dos tempos e então moldar suas ações de maneira adequada. Um líder impetuoso como Júlio II só poderia agir com impetuosidade. Ele teria sucesso até onde — por feliz coincidência — os tempos pedissem ações impulsivas e precipitadas; mas amargaria derrota tão logo fossem exigidas a cautela e a moderação.

Esta visão desagradavelmente determinista parece dar seguimento à troca de correspondência entre Maquiavel e Bartolomeo Vespúcio a respeito da influência dos astros. Na ocasião, Vespúcio garantiu que o homem sábio possuía o poder de selecionar ou alterar o comportamento, "dirigindo seus passos, agora por um caminho, e então por outro". Dois anos mais tarde, Maquiavel rejeitou esse conceito: se as pessoas pudessem adotar o rumo apropriado de ação, "seria verdadeiro que o homem sábio poderia controlar os astros e as deusas do destino. Mas tais homens sábios não existem", ele concluiu com pessimismo em sua carta a Giovan Battista. As limitações na natureza humana eram tais que nenhuma variação ou correção de rumo era possível.

Giovan Battista pode bem ter reagido a estas colocações com surpresa e descrença. A visão de Maquiavel sobre o homem não apenas divergia da visão de astrólogos como Vespúcio; ela estava em grande desavença com a maioria do pensamento teológico e filosófico da época. São Tomás de Aquino era apenas um dos muitos escritores que acreditavam na capacidade dos homens sábios de usarem a razão para resistir a suas inclinações naturais. A visão do homem de Maquiavel estava em oposição, mais ainda, com a expressada eloquentemente no *Discurso sobre a Dignidade do Homem*, de Giovanni Pico della Mirandola, publicado em 1486. Pico argumentava que o homem era o produto mais milagroso da Criação porque, ao contrário das outras criaturas, ficava completamente livre das leis da natureza. Deus deu ao homem a liberdade e capacidade de traçar para si mesmo os contornos de sua própria natureza. "Ô maravilhosa e insuperável felicidade do homem!", Pico exclamou, "a quem é garantido ter o que escolhe, e ser o que deseja ser".[2] Maquiavel, no entanto, negava vigorosamente ao homem esta liberdade esfuziante, colocando-o, em vez disso, numa prisão de necessidade e permitindo-o agir somente de acordo com a sua natureza.

Esta filosofia sóbria e até descrente é muito menos atraente que a de Giovanni Pico, mas é para onde Maquiavel retornava sempre que contemplava "a ação dos homens e suas maneiras de fazer as coisas". Não apenas uma consequência de seu espanto com o sucesso de Júlio em Perugia, em 1506, sua visão da imutabilidade da natureza humana reaparecerá anos mais tarde, em vários de seus escritos mais famosos.

A expedição militar de Júlio II não terminou em Perugia. Após uma semana na cidade, o papa e sua comitiva partiram para Bologna, outro feudo rebelde que ele queria trazer de volta para o controle da Igreja. Ansioso, Giovanni Bentivoglio consultou um jovem astrólogo, Luca Gaurico, para descobrir seu destino. Quando os astros apontaram um final infeliz, Bentivoglio submeteu Gaurico à *mancuerda*, um método de tortura que apertava uma corda nos braços da vítima, por meio de uma alavanca, talhando a carne até o osso. Como os astros, mesmo com a coação, insistiram em emitir mau agouro, Bentivoglio e seus filhos se curvaram diante do inevitável: abandonaram a cidade e partiram para Milão. Júlio e seu exército chegaram para se apoderar de Bolonha, em meio a uma ruidosa celebração, em 10 de novembro. A esta altura, *Il Papa Terribile* já ganhara novo apelido: o *Papa Guerreiro*.

Maquiavel estava de volta a Florença nesta época, tendo passado quase dois meses na corte papal. Ele pode ter voltado com alguma preocupação, tanto pela sobrevivência de seu projeto da milícia, quanto por seu cargo na chancelaria. No princípio de outubro, Maquiavel recebera uma carta de Biagio Buonaccorsi contando que havia sido acusado de "trapaceiro" por Alamanno Salviati, o homem a quem ele dedicara o *Primeiro Decênio*. "Eu nunca depositei confiança alguma naquele trapaceiro, desde quando eu era um dos Dez", Salviati teria dito, "antes de continuar no mesmo tom ou pior". A palavra exata usada por Salviati foi *ribaldo*, que significa canalha ou salafrário, mas também tem a conotação de nível social baixo, uma vez que *ribaldo* era literalmente um soldado raso: talvez uma referência à modesta origem social de Maquiavel.

Membro de uma linhagem abastada de banqueiros florentinos, Salviati era um dos membros principais de um grupo de nobres patrícios conhecido como os *ottimati*. (Este epíteto, do latim *optimates,* "melhores", referia-se a uma facção aristocrática durante a República Romana tardia). Os *ottimati* afluentes e socialmente proeminentes como Salviati acreditavam que o Grande Conselho do Povo havia transferido o poder de suas mãos para uma classe inferior de cidadãos. Em 1502, Salviati e seus camaradas haviam apoiado Piero Soderini (que vinha de uma família rica e respeitada como a deles) na esperança de que, como *gonfaloniere* vitalício, ele representasse os interesses do grupo e lhes desse mais cargos de visibilidade e influência no governo. Por volta de 1506, estas expectativas tinham sido frustradas, e Salviati e um bom número de *ottimati* se voltaram contra o *gonfaloniere*. Maquiavel se envolveu na desavença faccional porque era visto pelos *ottimati* — e com certa razão — como amigo e aliado de Soderini. Alguns *ottimati* chegaram a se referir a ele como o fantoche (*mannerino*) do *gonfaloniere*.

Apesar das divergências, a oposição ao projeto da milícia de Maquiavel aparentemente havia enfraquecido durante o ano anterior. Ele não apenas foi reconfirmado como segundo chanceler, mas em 6 de dezembro, numa votação de 841 contra 317 no Grande Conselho, foi eleito secretário de uma nova magistratura, conhecida como os Nove Oficiais da Ordenança e Milícia Florentina. Esta magistratura foi incumbida de juntar uma força de 10 mil milicianos, equipando-os com armas de fogo, lanças e peitorais de ferro. Logo, Maquiavel estava de volta às montanhas e vales, procurando guerreiros robustos para o empreendimento que o cardeal Soderini exaltou como "uma dádiva de Deus".

X

NA PRIMAVERA DE 1507, bem quando a ameaça espanhola à Itália parecia ter se atenuado, outro agressor externo surgiu no horizonte. Maximiliano I, de Augsburgo, era líder do Sacro Império romano-germânico desde 1493. O Sacro Império romano-germânico consistia de uma enorme aglomeração de terras na Europa central, governadas desde 1273, com algumas interrupções, por membros da dinastia de Augsburgo. Como Voltaire observaria mais tarde, não era nem sacro, nem romano, e nem sequer um império. Se ele teve um momento de fundação, este foi o dia de Natal no ano 800, quando Carlos Magno foi coroado imperador Augusto pelo papa Leão III na basílica de São Pedro, em Roma. Mantendo essa tradição, todos os imperadores sacrorromanos haviam recebido suas coroas do papa. O pai de Maximiliano fora coroado em Roma pelo papa Nicolau V, em 1452, e embora Frederico tivesse morrido em 1493, Maximiliano ainda não havia se deslocado de Innsbruck até Roma para sua própria coroação. Em 1507, ele finalmente começou os preparativos para uma retardatária viagem à Itália.

A notícia dos planos de Maximiliano causaram inquietação na França e na Itália. A viagem a Roma o obrigaria a atravessar a Lombardia, e o rei Luís XII temia, não sem motivos, que como marido de Bianca Maria Sforza, a filha de Galeazzo Maria, Maximilano estava usando a coroação como pretexto para entrar na Itália e expulsar os franceses de Milão. Os florentinos, aliados dos franceses, ficaram, então, com o risco de se envolverem numa guerra muito maior do que sua disputa com Pisa. A Signoria decidiu, então, despachar um diplomata para a corte imperial a fim de medir o poder de fogo e as intenções de Maximiliano. Graças à influência de Piero Soderini, a tarefa foi dada a Maquiavel em 19 de junho, mas, pouco mais de uma semana adiante sua nomeação foi revogada a pedido dos *ottimati*, que preferiram um dos seus no lugar do rude *mannerino* de Soderini. A missão foi para o jovem de sangue azul Francesco Vettori.

Maquiavel ficou tão ressentido com a desconsideração que, um mês depois, um amigo ainda estava compadecido de seu estado de ânimo. Mas pelo menos a revogação lhe permitiu passar grande parte do verão mobilizando sua milícia. Dezoito meses depois de sua primeira expedição a Casentino, muito trabalho ainda precisava ser feito. Embora d. Michelotto lhe assegurasse que os batalhões estavam "sem desordem e com uma disciplina invejável", relatos afirmando o contrário chegavam a Florença. Uma grande quantidade de vinho tinha sido roubada de um vinhedo, e, em outra ocasião, 12 milicianos bêbados causaram tamanha confusão numa taberna que o líder do grupo foi torturado por ordem dos Dez da Liberdade e da Paz e depois aprisionado. Vários milicianos se ausentaram sem permissão ("Eu fincarei esta espada no coração dele", bravateou d. Michelotto sobre um besteiro desgarrado). Pior de tudo, notícias começavam a chegar sobre os desvios de caráter e indisciplina do próprio d. Michelotto, incluindo um conflito armado numa residência em Castrocaro. "Eu me apresentarei para ser julgado por Deus", um santimonial d. Michelotto escreveu a Maquiavel em defesa de suas atitudes. Maquiavel, porém, começou imediatamente a procurar um substituto para seu *bargello* depravado e vilipendiado. d. Michelotto seria demitido poucos meses depois; e alguns meses mais tarde, num episódio que poucos teriam lamentado, ele foi morto por um agressor anônimo durante uma briga em Milão.

Outra oportunidade para viajar até a corte de Maximiliano se apresentou em dezembro quando Soderino convenceu seus colegas da Signoria de que um segundo enviado era necessário além de Vettori, um rapaz bastante preguiçoso e sem fibra cujos relatórios quase nada informavam. Maquiavel partiu na metade de dezembro para Bolzano, a cidade tirolesa onde a corte de Maximiliano estava residindo. Apesar das estradas ruins e do mau tempo, ele escolheu uma rota sinuosa via Genebra (que acrescentou centenas de quilômetros à sua jornada) e Constança. Curioso a respeito dos suíços, cuja infantaria (apesar do vergonhoso comportamento em Pisa) era a melhor da Europa, ele transformou a expedição numa missão de descoberta. Maquiavel permaneceu quatro dias entre os suíços, observando "como eles viviam e que espécie de povo eram". Se a Suíça era trabalho, Constança, ao contrário, era prazer. Aqui, ele tomou o tempo para visitar o compositor flamengo Heinrich Isaac, a quem ele conhecia da corte de Lorenzo, o Magnífico, onde o músico havia sido organista e regente de coro. A música era umas das poucas manifestações artísticas pela qual Maquiavel demonstrava apreciação, embora como compositor de versos obscenos ele pode ter gostado mais dos *canti carnascialeschi* de Isaac — canções compostas para o ar livre das praças durante o carnaval — do que suas missas e motetes.

Maquiavel chegou finalmente a Bolzano na segunda semana de janeiro. Uma vez que os florentinos estavam convencidos de que uma invasão era iminente, Maquiavel e Vettori foram instruídos para executar o que pode ser chamado de diplomacia do cofre: oferecer a Maximiliano grandes quantias em dinheiro em troca de sua promessa de respeitar as fronteiras e possessões de Florença. Eles estavam autorizados a oferecer até 50 mil ducados, mas apenas se estivessem absolutamente seguros de que ele planejava invadir a cidade. As intenções de Maximiliano eram difíceis de averiguar, porque o governante de 48 anos parecia não as conhecer ele mesmo. Maquiavel teve uma péssima impressão deste homem cuja insígnia pessoal era uma romã. Ele pareceu a Maquiavel, em comparação com César Bórgia e Júlio II, um governante extremamente indeciso e incompetente. Maximiliano, relatou à Signoria, era alguém "levado pelo vento de cada opinião diferente".

Maximiliano provou sua falta de valor muito cedo. Em fevereiro, impaciente com a recusa de Veneza em permitir que suas tropas cruzassem seus territórios, ele atacou as tropas venezianas, próximo a Vicenza. Essas, comandadas por Bartolomeo d'Alviano, rapidamente o derrotaram e até conquistaram alguns de seus territórios. Em junho, um humilhado Maximiliano colocou sua assinatura num armistício de três anos. A ameaça que vinha do norte tinha sido extinguida com uma facilidade espantosa. Seria necessário outro imperador, consideravelmente mais forte e ambicioso que Maximiliano, para assolar a Itália.

Maquiavel voltou a Florença na segunda quinzena de junho de 1508 e, apesar de uma dolorosa crise de pedras na vesícula, quase imediatamente retomou o trabalho na milícia. Naquele verão, seus batalhões foram incumbidos de participar do *guasto* anual (de *guastare*, "estragar") nos campos de Pisa, ajudando os camponeses que usavam picaretas para destruir os campos e vinhedos. O trabalho deles era para ser implacável e impiedoso. "Pressione para que tudo se acabe de tal maneira que sobre o mínimo possível de ração para o inimigo", Piero Soderini insistia em agosto.

Além de destruir a colheita, os florentinos esperavam levar os pisanos à submissão pela fome, ao bloquear a cidade. O novo plano era mais simples que o fracassado projeto do canal de Leonardo. Uma barreira foi construída no rio abaixo de Pisa, em San Pietro in Grado (o primeiro lugar onde, segundo a lenda, São Pedro pisou na Itália), para impedir que o suprimento de comida e outros bens chegassem à cidade pela costa. Quando os pisanos contornaram o embargo por meio de um canal chamado Fiume Morto, ou "Rio Morto", o arquiteto Antonio da Sangallo, o Ancião, foi contratado para erigir uma barragem de madeira através dele. Maquiavel e seus milicianos foram então incumbidos de proteger estas duas obstruções do ataque inimigo. "Nós colocamos sobre vossos ombros a responsabilidade por tudo isso", os Dez lhe comunicaram. O mês de fevereiro de 1509 alcançou Maquiavel liderando mil soldados até a garganta do Fiume Morto e colocando sua vida num risco tal que os membros dos Dez ficaram preocupados, sugerindo que ele se deslocasse até o ambiente mais seguro do acampamento florentino em Cascina. "Eu sei que o acampamento seria menos perigoso e menos árduo", Maquiavel escreveu em resposta, "mas se eu não quisesse perigo e trabalho duro, não teria saído de Florença".

As atitudes corajosas de Maquiavel naquela tarefa estavam causando inquietação em outro lugar, embora por uma razão bem diferente. O comissário encarregado de supervisionar a campanha contra Pisa, Nicolò Capponi, estava incomodado com a falta de relatórios do segundo chanceler. No fim de fevereiro, um tenso Biagio informou a Maquiavel que Capponi estava "murmurando e reclamando que você nunca escreveu para ele". Aos 35 anos, Capponi, membro de uma das famílias mais importantes de Florença, pode ter sido motivado pelo antagonismo arraigado dos *ottimati* a Soderini e Maquiavel. Mesmo assim, Biagio não entendia por que seu superior, tão sábio em outras questões, dava a impressão de ou não saber como se afinar com seus inimigos, ou de não ver a necessidade de fazê-lo. "Os mais poderosos devem estar certos", ele escreveu afiadamente a Maquiavel, "e nós devemos mostrar respeito por eles. De forma que você deve se acostumar a ser paciente, sabendo como se comportar em tais situações [...] Então, se uma ou duas cartas são precisas para alegrá-lo, não se trata de muito esforço". Mas, como no caso de Agnolo Tucci, o descontente comerciante de papel, Maquiavel se mostrou, mais uma vez, avesso ou incapaz de usar de elogios e lisonja para desarmar seus inimigos; ele era simplesmente incapaz de bajular para iludir.

"Os homens", como ele próprio escreveu, "são incapazes de dominar sua própria natureza".

O ensinamento que Maquiavel extraiu da rixa com Capponi foi que (como Piero Soderini lhe escreveu para aplacar) "o jeito deste mundo é receber grande ingratidão por grandes e boas ações". Soderini escreveu estas palavras no final de fevereiro. Em poucos meses, entretanto, o bloqueio começou a mostrar um resultado devastador. Maquiavel foi forçado a reduzir o número de milicianos em um terço, quando chegou a estação em que muitos de seus soldados tiveram que depor as armas e voltar para suas tarefas no campo. Não obstante, apenas uma ínfima quantidade de grãos furou o bloqueio, e por volta da primavera muita gente em Pisa estava morrendo de fome. Os pisanos, curvando-se, por fim, ao inevitável, mandaram uma delegação à Florença e assinaram um tratado de rendição no começo de junho, encerrando um período de quase 15 anos de conflito.

Maquiavel esteve presente na cerimônia no Palazzo della Signoria, colocando seu nome junto ao de Adriani, o primeiro chanceler. Quando o documento estava sendo assinado, uma pomba entrou pela janela e sobrevoou as cabeças dos Dez. A pomba, então, se chocou contra a parede e caiu morta nos pés dos Dez, mas sua aparição foi considerada, apesar disso, um bom augúrio. "Embora muitos afirmassem que não havia nada de sobrenatural naquilo", relatou um contemporâneo de Maquiavel, "foi uma grande coisa que a pomba tivesse ido precisamente até os Dez, que acabavam de fazer o acordo [...] Os homens religiosos dizem que ela veio de Deus".

Quer viessem de Deus ou de qualquer outro lugar, tais presságios eram prezados por muitos florentinos. As pombas eram um portento bastante evocatório, pois uma delas, ainda que artificial, anunciava a sorte de Florença em um ritual anual. A cada domingo de Páscoa, soltava-se uma pomba mecânica presa a um fio estendido por cima da congregação na catedral de Santa Maria del Fiore. Acesa por uma chama que vinha de pedrinhas do Sepulcro Sagrado de Jerusalém, esta engenhoca alada devia supostamente inflamar uma carruagem de fogos de artifício na outra ponta do fio. Se a pomba conseguisse a proeza e detonasse os fogos, então uma boa colheita estava garantida; ao contrário, acenavam tempos de escassez se o pássaro não conseguisse completar seu voo.

Tais portentos se encontravam em todos os cantos de Florença, especialmente em tempos de crise. Acreditava-se piamente que a morte de Lorenzo, o Magnífico, havia sido predita pelo raio de um relâmpago que atingiu a lanterna na abóbada magnífica de Brunelleschi, lançando cascatas de mármore sobre as ruas. Naquele mesmo 5 de abril de 1492, dois leões mantidos em cativeiro atrás do Palazzo della Signoria — símbolos da liberdade da república e cujo comportamento era ansiosamente monitorado para pistas à sorte da cidade — brigaram tão ferozmente que ambos morreram. "Eu sou um homem morto!", Lorenzo exclamara logo que soube destes acontecimentos. Pois ele morreu três dias depois. Da mesma forma, a invasão da Itália por Carlos VIII em 1494 tinha sido pressagiada pelo que um cronista amigo de Maquiavel, Francesco Guicciardini, chamou de "sinais celestiais": três sóis apareceram no céu em Puglia; estátuas e outras imagens sagradas "suaram abertamente"; e mulheres começaram a parir monstros humanos. O povo só ficou surpreso, relatou Guicciardini, que nenhum cometa tivesse aparecido — "um mensageiro infalível de mutações de reinos e estados".

O que Maquiavel fazia destes presságios como raios e cometas? Este observador sarcástico da natureza humana estava bem preparado para crer, como muitos outros, que era possível adivinhar o futuro por meio dos augúrios. Sua análise lúcida dos acontecimentos históricos era misturada, frequentemente, com crenças ingênuas. Anos mais tarde, ele escreveria que "nada de importante acontece numa cidade ou numa região que não tenha sido previsto por videntes, revelações, prodígios ou outros sinais celestiais". Confessou que não compreendia por que estas revelações ocorriam, mas pode ser, ele especulou, "que o ar em volta de nós esteja cheio de inteligências". Tendo pena dos humanos, estes espíritos prestativos os avisavam sobre desastres futuros através de relâmpagos, cometas e nascimentos monstruosos.[1]

Mantendo sua crença nos espíritos inteligentes e sinais celestiais, em junho de 1509 Maquiavel consultou um astrólogo para determinar o melhor momento para os comissários florentinos entrarem em Pisa. Lattanzio Tedaldi, um aluno e amigo de Marsilio Ficino, era especialista em interpretação de cometas e elaboração de cálculos astronômicos. Sua resposta foi útil e precisa. Depois de consultar os céus, ele garantiu a Maquiavel que os comissários "não deveriam entrar antes das seis e meia da manhã, mas, se possível, deveriam entrar pouco depois das sete horas, que seria uma hora auspiciosa para nós". Maquiavel transmitiu essa informação, e os comissários entraram em Pisa na hora prescrita em 8 de junho, com o segundo chanceler e alguns homens escolhidos de sua milícia os acompanhando. Poucas horas depois, um cavaleiro chegou a Florença carregando um ramo de oliveira. Comemorações agitadas se seguiram. Todas as lojas fecharam, acenderam-se fogueiras, e o som de um sino de 8 mil quilos na torre do Palazzo della Signoria, *La Campana Del Leone,* "O Sino do Leão", ecoou poderosamente do alto. A alegria coletiva foi tão grande que até mesmo alguns conventos compraram pólvora e lançaram foguetes. Como observou Agostino Vespúcio, "todos enlouqueceram de júbilo".

Se as "grandes e boas ações" de Maquiavel obtiveram apenas ingratidão alguns meses antes, a rendição de Pisa o tornou objeto de gratidão generosa e exuberante. Ele recebeu uma grande parcela de crédito por seu trabalho com a milícia, com um dos comissários militares florentinos, Filippo Casavecchia, lhe escrevendo que a sua participação foi "em grande parte" a causa da vitória. Casavecchia convidou, então, Maquiavel para sua propriedade no campo: "Estou guardando para você uma fossa cheia de trutas e um vinho como você nunca provou antes." Até mesmo Alamanno Salviati mudou de opinião, escrevendo uma carta amigável para "meu querido Nicolau" e enviando afetos carinhosos. Era o momento de maior triunfo para Maquiavel. Ainda assim, os sinais de alerta, para aqueles que quisessem enxergá-los, estavam se escrevendo pelos céus.

XI

DE ACORDO COM Francesco Guicciardini, o ano de 1509 marcou o início de um capítulo sombrio na história italiana. "Aconteceram por toda a Itália e contra os próprios italianos", ele escreveu, "acidentes dos mais cruéis, assassinatos sem fim, saques e destruição de muitas cidades e vilas, licenciosidade no exército — tão perniciosa aos amigos quanto aos inimigos —, violações da religião e as coisas santas sendo pisoteadas". Guicciardini não tinha dúvidas em quem botar toda a culpa: "Estas desgraças são resultado das ações imprudentes e insolentes do Senado veneziano."

Por volta de 1509, os venezianos haviam acumulado inimigos extremamente poderosos, tanto na Itália como fora. Em 1503, eles haviam se aproveitado da queda súbita de César Bórgia para capturar uma dúzia de fortalezas na Romagna, bem como as cidades de Ravena, Faenza e Rimini, todas consideradas pelo papa Júlio II propriedade legítima da Santa Sé. As fortalezas foram devolvidas, mas os venezianos se negaram a entregar seus outros espólios. "Eu não descansarei", Júlio rugiu para um emissário veneziano, "até que vocês sejam devolvidos à condição de pescadores pobres que um dia foram".[1]

Uma oportunidade para humilhar os venezianos aconteceu pouco depois da vitória deles sobre as forças de

Maximiliano em 1508. Embora tenha assinado um armistício com Veneza, Maximiliano se envolvera imediatamente numa conspiração contra a República, junto com o rei Luís XII da França, que desejava restituir cidades como Cremona e Bérgamo para o ducado de Milão. Em 10 de dezembro de 1508, os seus representantes, junto com os do papa e Ferdinando de Aragão, formaram a Liga de Cambraia. De acordo com as cláusulas secretas do tratado, a guerra contra Veneza era para começar na primavera. Os franceses mostraram uma pontualidade impecável, mandando um exército de 30 mil homens para a Itália na segunda metade de abril. Pouco mais de uma quinzena depois, em 14 de maio, eles derrotaram totalmente as forças venezianas em Agnadello, que fica entre Milão e Bérgamo. As cidades especificadas na Liga de Cambraia caíram rapidamente nas mãos dos inimigos de Veneza, e assim, quase da noite para o dia, a República perdeu sua presença no continente italiano. Os poderosos venezianos foram reduzidos, sem dúvida, a "pobres pescadores".

Os florentinos não eram signatários da Liga de Cambraia. Em vez disso, prosseguindo sua rotina costumeira da diplomacia do cofre, concordaram em pagar 50 mil ducados em duas parcelas para Luís XII, e 40 mil ducados em quatro parcelas para Maximiliano. Em novembro de 1509, Maquiavel foi enviado a Mântua, 140 quilômetros ao norte, com um dos pagamentos para Maximiliano, junto com a instrução dos Dez para observar a força militar do imperador e descobrir suas intenções. Poucas semanas mais tarde, ele se deslocou para Verona, sobre a qual Maximiliano havia reivindicado seus direitos hereditários, para conseguir mais informações. Havia bem pouca informação. "Eu estou a seco aqui porque não sabemos nada sobre coisa alguma", ele escreveu para Luigi Guicciardini, irmão mais velho de Francesco e membro de uma nobre família florentina. "Assim, para mostrar sinais de vida, eu invento discursos exaltados que escrevo para os Dez."

Tais sinais de vida eram necessários. "Se você alguma vez for diligente nos seus relatórios", Maquiavel tinha sido alertado recentemente por Biagio, "precisa sê-lo agora para calar a boca dos *pancacce*". *Pancacce* (de *panca*, "banco" ou "assento") era uma referência aos críticos de poltrona de Maquiavel, os *ottimati* e outros descontentes. A expressão se refere sem dúvida aos representantes distritais e corporativos que sentavam nos *panche* do Palazzo della Signoria e falavam por suas diferentes fileiras de bancos. Mas, provavelmente, refere-se também a um grupo mais amplo de resmungadores nas praças de Florença. Muitos comerciantes ricos construíram bancos de madeira com vista para a praça diante de suas lojas para tomarem um ar fresco depois do expediente, convivendo, debatendo e fofocando. A menção de Biagio dos *pancacce* parece indicar que a conduta de Maquiavel era assunto destas conversas. Apesar do sucesso da milícia, esses críticos pareciam mais determinados do que nunca a derrubar o *mannerino* de Soderini. "Seus inimigos são numerosos e não se deixarão deter por nada", Biagio lhe informou em dezembro, quando, aproveitando-se da ausência de Maquiavel em Florença, eles lançaram uma campanha anônima contra ele.

O primeiro tiro foi dado na semana anterior ao Natal, quando um mascarado apareceu diante de um tabelião para fazer uma declaração de que Maquiavel era inelegível para o cargo por causa de assuntos relacionados ao seu falecido pai (e aqui Biagio, ansiosamente relatando a intriga, foi irritantemente vago).

A transgressão de Bernardo pode ter sido ilegitimidade, porem é mais provável que tenha sido de natureza financeira: se Bernardo tivesse morrido devendo impostos ao governo, por exemplo, então a elegibilidade de seu filho para um cargo público seria questionável. Biagio garantia que a lei estava do lado de Maquiavel, mas, apesar disso, "estava sendo esticada de mil formas e recebendo interpretações tendenciosas por parte daqueles que agem contra você".

A situação de Maquiavel era o grande assunto de Florença nas últimas semanas de 1509, um tipo de escândalo político que Biagio disse estar sendo comentado "em todos os lugares, até nos bordéis". Biagio aconselhou a maior prudência possível, afirmando que "a natureza da época" e o fato de que "surgiu muita gente para fofocar sobre esse assunto e o espalhar por todo canto", significava que "uma boa dose de ajuda e cuidado escrupuloso" era necessária. Maquiavel, uma vez mais, teve oportunidade de refletir sobre como seus esforços estavam sendo recompensados com miserável ingratidão, e Biagio, sobre como seu amigo parecia por natureza incapaz de aplacar seus adversários.

Mesmo enquanto o complô contra ele ganhava força em Florença, Maquiavel conseguiu desfrutar de momentos agradáveis em Verona. Ele escreveu uma carta para Luigi Guicciardini sobre o seu quebra-cabeça filosófico predileto: "como a Fortuna entrega para a humanidade resultados diferentes sob circunstâncias parecidas." Desta vez, sua carta não discorria em linguagem acadêmica sobre os meios e fins da política, mas tratou de satisfação e revulsão sexual.

Guicciardini havia escrito uma carta a Maquiavel explicando que (no resumo delicado de Maquiavel) "você mal terminou de foder sua mulher e já quer outra trepada". Maquiavel, então, resolveu explicar a Guicciardini como situações parecidas, neste caso, tinham produzido, no caso dele, resultados diferentes. O que se seguiu foi uma história vulgar e inverossímil de como sua lavadeira em Verona (uma "velha cadela") o tinha levado até sua casa com o pretexto de lhe mostrar algumas camisas finas que talvez ele quisesse comprar. Em vez das camisas, ela lhe ofereceu um tipo diferente de mercadoria: uma mulher "agachada nua num canto, se fazendo de modesta com a cabeça e o rosto meio cobertos por uma toalha". Deixado sozinho num cômodo escuro com a misteriosa mulher, "irremediavelmente excitado, eu parti para ela com tudo", ele contou. "Depois de ter terminado, e sentindo vontade de dar uma olhada na mercadoria, eu peguei um pedaço de lenha acesa da soleira e acendi uma lamparina que estava no alto do cômodo."

Guicciardini deve ter suspeitado do desfecho da trama bem antes dela emergir da primorosa letra humanista de Maquiavel. A lamparina revelou, é claro, que a mulher era terrivelmente feia: grisalha com traços de calvície, coberta de lêndeas e parasitas, com remela nos olhos e uma boca torcida cheia de baba e sem nenhum dente. "Ela exalava um fedor tão horrível de seu hálito", ele escreveu, "que meus olhos e nariz — portais gêmeos dos mais delicados dos sentidos — se sentiram atacados pelo mau hálito, e meu estômago ficou tão enfurecido que foi incapaz de suportar este abuso". O encontro terminou com Maquiavel vomitando sobre a pobre criatura antes de bater rapidamente em retirada.

É possível vislumbrar nesta história infame o "Machia" que excitava e divertia os amigos com seus relatos vulgares e humor impiedoso. A história realmente deve tanto à biblioteca ou livraria quanto ao bordel, uma vez que tem precedentes nas histórias cômicas de mulheres safadas, velhas cafetinas, corpos grotescos e velhos truques encontrados na sátira medieval assim como no *Decamerão* de Giovanni Boccaccio. É também parte de uma antiga tradição de literatura misógina que vai das *Sátiras* de Juvenal até o *Corbaccio* de Boccaccio e além, inclusive obras como *The Lady's Dressing Room* (O vestíbulo da senhora) de Jonathan Swift, um poema no qual o ímpeto sexual masculino é vencido pelos fedores e outros horrores do corpo feminino sem adorno. Além da obscenidade e da total desagradabilidade da história, pode-se perceber a mente criativa de Maquiavel fazendo experiências com ideias que, em dias de maior ócio, ele transformaria em produção literária mais louvável e de maior durabilidade.

A carta para Guicciardini acabava de maneira curiosa. Maquiavel informava seu amigo que assim que retornasse a Florença, esperava separar algum dinheiro para investir num pequeno negócio. "Eu pensei em ir criar galinhas", ele escreveu. A imagem de Maquiavel criando galinhas deve ter feito Guicciardini rir tanto quanto a história da mulher feia de Verona.

A Liga de Cambraia se desfez no começo de 1510 quando Júlio II, preocupado com um domínio crescente dos franceses na Itália, fez a paz com Veneza. Em março, ele assinou um tratado de cinco anos com os cantões suíços, que concordaram em lhe abastecer com 6 mil soldados para proteger os interesses da Santa Sé. Fortalecido, o papa guerreiro adotou um veemente grito de batalha: *Fuori i barbari* ("Fora com os bárbaros"). Por bárbaros ele quis dizer quem não fosse italiano, e mais especificamente quem fosse francês. Na altura da primavera, estava claro que uma campanha militar em grande escala — envolvendo venezianos, suíços e a Igreja — seria lançada em breve contra Luís XII.

As iminentes hostilidades colocaram os florentinos, como quase sempre, numa posição delicada. A política e os sentimentos de Piero Soderini eram decididamente pró-França, mas o *gonfaloniere* relutava em fazer do papa um inimigo. Os florentinos decidiram assumir a posição costumeira de ficar em cima do muro. No fim de junho, na esperança de justificar sua ambiguidade, eles mandaram Maquiavel para a corte de Luís XII. O segundo chanceler também foi instruído pelo cardeal Soderini a "fazer todo o possível para manter aquele príncipe (Luís XII) em boa união com Sua Santidade, o papa". Era uma missão de grande importância, e aparentemente impossível.

Os tempos eram propícios para Maquiavel deixar Florença. Desde seu retorno de Verona, no início de janeiro, ele recrutava milicianos nos arredores de San Miniato, terra de trufas na metade do caminho entre Florença e Pisa; e mais ao norte na região de Valdinievole. A campanha de difamação continuava, entretanto, e, em maio, uma acusação anônima contra ele chegou aos Oito da Guarda. Essa acusação provavelmente foi deixada num dos receptáculos conhecidos como *tamburi* ("tambores") ou *buchi della verità* ("buracos da verdade") que ficavam em lugares acessíveis por toda a cidade, incluindo o muro externo ao sul do Palazzo della Signoria. O amigo de Maquiavel, Leonardo da Vinci, tinha sido vítima de uma destas denúncias chamadas *tamburazioni*, em 1476, quando foi acusado de sodomizar um adolescente de 17 anos. A acusação contra Maquiavel foi de teor parecido. Em um destes "buracos da verdade" entrou uma declaração dizendo: "Senhores dos Oito, vocês estão por meio desta informados que Nicolau, filho de Bernardo Maquiavel, transa com Lucrécia, conhecida como La Riccia, pela bunda. Interroguem-na e vocês saberão a verdade."

A prostituição era permitida em Florença — o bordel municipal se encontrava apenas a alguns passos da catedral —, mas a sodomia não era. Florença era tão famosa por esse "vício abominável", como Savonarola o chamava, que a gíria alemã para sodomita era *Florenzer*. Entre 1432 e 1502 uma autoridade especial havia se estabelecido para identificar e processar sodomitas (a grande maioria das ocorrências cometidas com meninos, em vez de mulheres). Chamada de *Ufficiali di Notte e Conservatori dei Monasteri*, ou Oficiais da Noite e Conservadores da Moralidade nos Mosteiros, ela havia processado mais de 10 mil homens em seus setenta anos de existência. A penalidade varia de acordo com os antecedentes criminais do transgressor. Uma multa era a pena mais usual, mas durante o apogeu de Savonarola, um delinquente primário poderia ser punido *alla gogna*, que significava ficar amarrado junto ao muro externo da prisão de Bargello, com as mãos e pés atados, com seu chapéu no chão para receber dinheiro (e repreensões) dos transeuntes, e com um cartaz pendendo de seu pescoço descrevendo o crime. Numa reincidência, a vítima era amarrada numa coluna; a terceira vez o levaria a ser queimado na fogueira — ainda que apenas um sodomita tivesse chegado a ser executado durante os anos de Savonarola.[2]

Culpado ou não de sodomia, Maquiavel certamente conhecia La Riccia ("A Cacheada"). Ela pode ter sido a prostituta de perto da Ponte alle Grazie que esperava por ele com "com figos abertos" depois de sua primeira viagem à França. De qualquer modo, ele estaria em contato constante com ela por, pelo menos, mais dez anos, numa intimidade que sugere que La Riccia não era a responsável pela acusação. Este *tamburazione* era simplesmente uma nova tentativa dos inimigos de Maquiavel para sujar o seu nome e com isso minar sua posição na chancelaria. Nada resultou da acusação, mas é de se imaginar que o escândalo tenha suscitado fofoqueiros adicionais para "o espalhar por todo canto". Imagina-se também que as visitas de Maquiavel ao bordel não eram o que Biagio tinha em mente quando aconselhou seu amigo acossado que precisava-se de cuidado escrupuloso para combater os inimigos.

Perseguido pelo escândalo, o segundo chanceler partiu para a França no fim de junho, chegando a Lyon em 7 de julho. O temível Roano morrera seis semanas antes, mas as negociações não eram menos desastradas e difíceis por isso. Luís XII recebeu Maquiavel pouco depois de sua chegada, exigindo saber qual seria a reação florentina se, como parecia inevitável, os territórios franceses na Itália fossem invadidos pelas tropas do papa. Maquiavel conseguiu fazer uso da mesma retórica evasiva de sempre, mas em seus relatórios para os Dez deixou clara a gravidade da situação, pois teriam que se declarar em breve ou pelo papa ou pelo rei. Do ponto de vista florentino, uma guerra entre essas duas potências seria "o infortúnio mais terrível que poderia acontecer".

Maquiavel finalmente retornou a Florença em outubro, mas não antes de demonstrar desprezo por seus inimigos e suas fofocas de escândalo, ao se divertir livremente na companhia de uma cortesã francesa chamada Jeanne. E esperando por ele em Florença, ao que parece, estava ninguém menos que certa prostituta de cabelos cacheados: "Na sua chegada à cidade". lhe escreveu com uma intimidade jocosa Roberto Acciaiuoli, o embaixador florentino na França, "você terá visto La Riccia de novo?" Maquiavel demonstrava cada vez menos preocupação com a opinião dos inimigos.

XII

O ANO DE 1511 começou com nevascas pesadas pela Itália. Em Florença, cidade de tantos grandes artistas, um enorme leão de neve apareceu perto do campanário de Santa Maria del Fiore, enquanto os escultores no Canto de' Pazzi talhavam lindos nus artísticos de blocos de gelo. Acompanhando o espírito marcial daqueles tempos, castelos de neve bem fortificados, assim como galés de neve repletas de velas estendidas, surgiram nas ruas por toda a cidade.[1]

Maquiavel estava construindo seus próprios castelos. Ele havia se envolvido recentemente — talvez devido à influência de seu amigo Leonardo — na arte e na ciência da fortificação militar. A liberdade de Florença não seria defendida, ele sabia, somente pelas picaretas e pelos mosquetes da milícia; fortalezas e cidadelas por todo o território florentino eram necessidades urgentes. Ele parece ter virado especialista em torres, baluartes e balaustradas, e, em janeiro, abriu caminho pela neve até Pisa, junto com o arquiteto Giuliano da Sangallo, irmão mais velho de Antonio, cuja barragem de madeira a milícia havia protegido com tanto afinco havia dois anos. Giuliano, aos 67 anos, tinha uma vasta experiência construindo e restaurando fortificações, tanto na Toscana como, mais tarde, em Roma, onde ele e seu irmão construíram novas guaritas de baluarte no Castel Sant'Angelo. Ele e Maquiavel agora iriam inspecionar a cidadela de Pisa, alvo de muitos fracassados ataques florentinos, para se certificarem de que ela estava em boas condições caso a guerra entre Júlio II e Luís XII chegasse à Toscana. De lá, com uma tarefa semelhante, a dupla partiu para Arezzo.

Fazer estas inspeções havia ficado mais urgente porque apesar da neve e da doença do papa (Júlio estava com febre desde o mês de outubro), a guerra entre a França e a Igreja havia finalmente estourado. Levantando da cama em Bologna, no dia 2 de janeiro, Júlio declarou, "Vamos ver se eu tenho culhões tão grandes quanto o rei da França!" e foi liderar seu exército pessoalmente através da neve alta para sitiar Mirandola, uma cidade sob proteção francesa. O enviado veneziano, ao testemunhar o ataque, ficou estupefato: "Que um papa venha para um acampamento militar, quando acabou de estar doente, em meio a tanto frio e tanta neve, em pleno mês de janeiro. Os historiadores terão um assunto para descrever!"

Os florentinos estavam menos inclinados a aplaudir os feitos heroicos do papa. O motivo de sua insatisfação foi um incidente que em breve os levaria a cometer um erro catastrófico. Um mês antes, em 22 de dezembro de 1510, uma conspiração para assassinar Piero Soderini tinha sido descoberta em Florença. O assassino em potencial era um jovem chamado Prinzivalle della Stufa. O objetivo de Prinzivalle era matar o *gonfaloniere* no Palazzo della Signoria, e, assim, abrir caminho para o retorno dos filhos de Lorenzo, o Magnífico, a Florença. Prinzivalle conseguiu fugir quando o plano foi descoberto, mas os Dez alegaram que ele revelara ser Júlio um dos arquitetos do crime. O papa se dizia inocente, mas nem todos em Florença acreditaram. Soderini e seus conselheiros, logo em seguida ao episódio, adotaram uma máxima de Savonarola: *Gigli con gigli dover fiorire* ("Lírios com lírios devem florir"). Ou seja, os franceses e os florentinos, ambos com o lírio em seus brasões, deviam ficar unidos. E daí veio o erro catastrófico.

Luís XII começara empunhando armas eclesiásticas contra o papa. Alguns cardeais simpáticos à causa do rei, a maioria espanhola e francesa, declararam sua intenção de convocar um Concílio Geral — muito embora a lei canônica estabelecida afirmasse que somente o papa poderia convocar um concílio como esse. Cardeais, bispos, outras dignidades e especialistas em teologia, muito ocasionalmente se reuniam em Concílios Gerais para deliberar sobre assuntos de doutrina e disciplina. O assunto particular que estes cardeais queriam discutir era a deposição de Júlio do Vaticano, e sua substituição por um papa mais bondoso para com a presença francesa na Itália. Existiam precedentes para ações como esta, pois no Concílio de Pisa, em 1409, 22 cardeais e 80 bispos haviam votado pela deposição do papa Gregório XII e do antipapa espanhol Bento XIII, em favor do Arcebispo de Milão, Pietro Philarghi que governou como Alexandre V. O sucessor de Alexandre, João XXIII, foi, então, deposto em 1415 em uma das sessões do Concílio de Constanza. Um destino semelhante — assim ansiavam Luís XII e seus aliados — aguardava Júlio.

Em janeiro de 1511, quando o papa guerreiro se lançava pela neve até Mirandola, Luís solicitou à Signoria Florentina que permitisse que o Concílio Geral se reunisse em Pisa, um local não muito aconselhável. A princípio, quando Júlio conquistou Mirandola, a Signoria dissimulava. Mas, depois, o complô de Prinzivalle e as derrotas militares subsequentes do papa (os franceses prontamente retomaram Mirandola, e, em maio, invadiram Bologna) levaram a Signoria a concordar. Em agosto, depois de Júlio ter retornado a Roma, derrotado, os Dez expediram passes de salvo-conduto para os cinco cardeais que estavam a caminho de Pisa para o concílio, marcado para setembro.

Ao autorizar que o concílio se reunisse em seus domínios, os florentinos estavam abandonando sua habitual *via di mezzo* e assumindo sua aliança com o rei Luís em vez do papa. Tão logo tomaram essa decisão, entretanto, passaram por uma falta aguda de coragem, pois Júlio, enfurecido pela ousadia dos cardeais e pelo que ele entendeu como traição florentina, ameaçou colocar a República sob interdição. Esta foi uma condenação poderosa e prejudicial que embutia mais do que um significado simbólico: por ela, aos cidadãos florentinos seriam negados os sacramentos da Igreja, e aos seus mortos não seria mais permitido o sepultamento em solo consagrado. A interdição era, além disso, ruim tanto para o bolso como para a alma, uma vez que os comerciantes florentinos perderiam a proteção legal em todo território cristão, uma situação que levaria para o confisco legal tanto de seus bens como de seus depósitos bancários em toda a Europa.

A ameaça dupla de guerra e interdição estimulou a Signoria a partir para a ação. Maquiavel foi mandado com toda urgência para interceptar os cardeais rebeldes e convencê-los a voltar para casa. Ele partiu no início de setembro, encontrando os cardeais após dois dias de árdua cavalgada em Borgo San Donnino (hoje, Fidenza), 130 quilômetros ao norte de Florença. O líder dos cardeais era Bernardino López de Carvajal, um espanhol de 56 anos. Maquiavel expôs os perigos a que Florença estava sujeita, mas o cardeal Carvajal, que cobiçava abertamente a tiara papal, insistiu que o concílio aconteceria em Pisa em duas semanas, prometendo apenas não entrar na cidade de Florença. Incapaz de manter a reunião dos rebeldes fora do território florentino, Maquiavel seguiu para a França. Os Dez o incumbiram de expor a situação dos florentinos para Luís XII, pessoalmente. Mesmo difamado pelo escândalo e execrado pelos *pancacce*, Maquiavel ainda era o homem para quem os Dez e a Signoria se voltavam nos momentos de maior crise.

Maquiavel alcançou a corte em Blois, em 22 de setembro. A urgência de sua missão estava refletida no passo em que ele viajou: durante a última semana de sua jornada épica, ele percorreu em média 90 quilômetros, de chacoalhar os ossos, por dia. Mas obteve pouco mais êxito em Blois do que em Borgo San Donnino. Luís XII se recusou a cancelar o concílio, mas concordou em adiar o início das sessões em um mês, até depois da Festa de Todos os Santos. Esta era uma concessão pequena, mas pelo menos daria aos florentinos algumas semanas a mais para preparar seus territórios para a defesa — e esperar pela morte do papa ou alguma outra solução improvável.

A necessidade de algum tipo de acontecimento extenuante logo ficou extrema, pois um dia depois da chegada de Maquiavel a Blois, Júlio havia se recuperado o suficiente da doença para expedir a interdição contra Florença. Logo em seguida, ele começou a falar abertamente em matar ou remover Piero Soderini. A fim de colocar o gato entre os passarinhos, ele nomeou Giovanni de' Medici como núncio papal em Perugia. Giovanni, então o filho mais velho de Lorenzo, o Magnífico, era um cardeal influente de 35 anos e, desde a morte de Piero, o Desafortunado, em 1503, era o porta-estandarte dos Medici. Júlio claramente desejava semear o distúrbio entre os florentinos e nutrir a esperança dos mediceanos da cidade, ao instalar nas suas fronteiras o maior opositor do governo de Soderini.

Maquiavel estava de volta a Florença no princípio de novembro, poucos dias antes da abertura do Concílio de Pisa. Esse concílio logo provou ser um tiro pela culatra: embora os garotos de rua saudassem o cardeal Carvajal (talvez sarcasticamente) como papa Bernardino, poucos pisanos, e nenhum eclesiástico, aderiram à causa dos cardeais. A recepção que tiveram foi tão hostil que Maquiavel teve que ser enviado com um regimento de 300 soldados para protegê-los da população. Em uma semana, a animosidade rancorosa dos pisanos prevaleceu onde as viagens e a eloquência de Maquiavel haviam falhado: o cardeal Carvajal e seus consortes começaram a fazer as malas e preparar seu deslocamento para o território mais amigável de Milão.

O estrago para Florença, entretanto, já estava feito. No seu caminho de volta de Blois, em novembro, Maquiavel soube que Júlio havia assinado com Ferdinando de Aragão e os venezianos um tratado chamado de Liga Santa. O papa esperava se servir desta aliança poderosa para varrer os franceses da Itália de uma vez por todas. Uma vez que um exército espanhol sob o comando de Ramón de Cardona, o vice-rei de Nápoles, já marchava de Roma para o norte, ficou claro que o único resultado do apoio de Soderini a Luís XII e seu concílio cismático tinha sido a chegada de milhares de lanças espanholas na Toscana. É pouco surpreendente, portanto, que Maquiavel, de volta a Florença no final de novembro, tenha começado a redigir seu testamento.

Se Maquiavel acreditava de verdade que nenhum grande acontecimento ocorria numa cidade ou província que não tivesse sido previsto por revelação, prodígios ou outros sinais celestiais, então, ele, como tantas outras pessoas, teria ficado extremamente preocupado com os relatos vindos de Ravenna nos primeiros meses de 1512. Um grande número de nascimentos monstruosos havia sido noticiado na cidade, o mais aterrorizante de todos, o de uma criatura, supostamente fruto de relacionamento entre uma freira e um monge, que passou a ser chamada de "o monstro de Ravenna". Esta criatura parecia com alguma coisa saída de um afresco do Juízo Final. Tinha, segundo os relatos, um chifre na cabeça, asas de morcego, um olho no joelho direito e uma marca de nascença em forma de águia no pé esquerdo; e como se não bastasse, era hermafrodita. O governador de Ravenna ficou tão horrorizado que mandou uma descrição detalhada para Júlio II, alertando que um assunto sobrenatural como esse só poderia anunciar tempos maus.

Os horrores pressagiados pelo monstro de Ravenna se revelaram sem demora. Em 11 de abril, domingo de Páscoa, 16 mil combatentes da Liga Santa comandados por Cardona encontraram uma força de 26 mil franceses, a 3 quilômetros dos portões de Ravenna. O exército francês estava sob o comando de Gastón de Foix, um sobrinho de Luís XII. Foix, com 23 anos, já era um comandante brilhante, e era conhecido, graças à sua rapidez e imprevisibilidade no estilo César Bórgia, como "O relâmpago da Itália". Em fevereiro, ele havia libertado Bologna do cerco de Cardona, e, então, marchou para o norte para libertar Bréscia dos venezianos. Fazendo suas tropas retornarem, por ordens de Luís XII, ele começou a marchar para o sul na direção de Roma com o propósito expresso de invadir a cidade e depor o papa: suas tropas em breve estariam se servindo, ele prometera, "às riquezas sem limite daquela corte pervertida" do papa Júlio. Quando seu exército se deteve para atacar Ravenna, que abrigava o arsenal da Liga Santa, Cardona avançou para lhe interceptar. O que se seguiu foi uma das batalhas mais sangrentas já travadas em solo italiano. Mais da metade do exército de Cardona foi destruído — até 9 mil homens —, em grande parte pela artilharia do duque de Ferrara, Alfonso d'Este. As perdas francesas foram consideravelmente menores, mas incluíram, tragicamente para a causa da França, o próprio Gaston de Foix.

A vitória francesa em Ravenna foi comemorada em Florença com as tradicionais fogueiras, fogos de artifícios e badalar dos sinos. Enquanto os sobreviventes espanhóis fugiam da carnificina, pensava-se que os franceses marchariam agora em direção a Roma, para depor Júlio, e apagar a ameaça Medici a Florença. Todavia, os acontecimentos não se acomodaram ao curso aparentemente inevitável. Desanimados pela morte de Foix, os franceses desistiram de avançar sobre Roma; deram meia-volta e marcharam para o norte, em vez do sul, ao passo que 18 mil soldados suíços, vindo em socorro do papa, invadiram um território francês na Lombardia. Júlio havia sido milagrosamente poupado.

As relações de Florença com o papado deterioram mais ainda quando, em junho, o papa obrigou o embaixador florentino em Roma a escrever uma carta para a Signoria relatando que Sua Santidade desejava a renúncia de Piero Soderini. Caso Soderini recusasse, o papa o arrancaria do poder, com tropas da Liga Santa. A esta carta se seguiu a visita de um embaixador do papa, Lorenzo Pucci, que entregou uma semelhante. O assunto foi discutido no Conselho dos Oitenta, em 10 de julho, mas, como de costume, nenhuma decisão foi tomada. Quatro dias mais tarde, um raio atingiu a torre do sino da Igreja de Santa Croce, causando enorme dano. "Foi considerado um mau augúrio", um florentino escreveu em seu diário. Com violentas tempestades continuando por todo o verão, um portento ainda pior se seguiu, quando a Porta al Prato foi atingida por outro raio. Uma vez que o raio destruiu o escudo com uma flor-de-lis, símbolo da França, e uma vez que a Porta al Prato conduzia para a cidade murada de Prato, 18 quilômetros a nordeste, o significado era evidente: a retribuição por apoiar Luís XII chegaria a Florença pelo caminho de Prato. E naquele momento, de fato, um exército de 8 mil espanhóis começava a se movimentar para o sul, via Toscana, na direção exatamente de Prato. A única esperança para Florença parecia ser a milícia de Maquiavel.

XIII

AGOSTINO VESPÚCIO CERTA vez observou que Maquiavel gostava muito de "cavalgar, vaguear e passear". E nunca Maquiavel havia cedido tanto a essas paixões como na primeira metade de 1512. Ele passara os meses após seu retorno da França indo e vindo entre Florença e o campo, com idas esporádicas a Pisa, onde mobilizou uma guarnição para a cidadela. Ele estava recrutando não só soldados de infantaria, mas também de cavalaria. Sua meta era reunir várias unidades de cavalaria leve, cavaleiros armados com lança, besteiros, e até pequenas armas de fogo. Esses homens, também, eram para ser recrutados de territórios florentinos, treinados por seus capitães, e utilizados em tempos de necessidade. Em fevereiro de 1512, ele já havia reunido homens suficientes para um desfile de 300 cavaleiros na praça da Signoria.

Apesar da crise prestes a acontecer, Maquiavel estava indubitavelmente saboreando o exercício de seu poder e o usufruto de seus talentos. Nada lhe deixava mais feliz do que galopar pelas colinas escarpadas para passar em revista um batalhão ou inspecionar uma cidadela florentina. Essas tarefas, com resultados concretos, eram muito mais gratificantes do que servir como agente das políticas florentinas de prevaricação e procrastinação. O resultado de seus esforços concentrados entre os camponeses, cortadores de pedra e criadores de bicho-da-seda foi uma força de 11 mil soldados de infantaria e quinhentos de cavalaria.

Naquele verão, ficou claro que a coragem dos batalhões de Maquiavel passaria em breve por uma prova severa. Representantes da Liga Santa, se encontrando em Mântua, decretaram que o regime republicano de Piero Soderini era para ser destruído, e a família Medici, restituída ao poder. Os soldados de Ramón de Cardona, cujo ordenado atrasado havia sido pago por Giuliano de' Medici, irmão mais novo do cardeal Giovanni, começaram a se deslocar de Bologna para o sul em meados de agosto. O terror se espalhou pelos campos, e em poucos dias uma procissão de fazendeiros e camponeses de quase 2 quilômetros chegava aos portões de Florença. A Madona de Impruneta seria trazida, para levantar o moral da cidade, mas a Signoria logo revogou a ordem: os tempos eram perigosos demais para transportar aquela relíquia tão valiosa pelas estradas desprotegidas.

Maquiavel foi enviado para a cidade de Firenzuola, uma vila de pedreiras, 35 quilômetros a nordeste de Florença, para mobilizar uma força de 2 mil milicianos com a qual emboscaria o exército invasor à medida que descessem os Apeninos. Os soldados de Cardona, entretanto, atravessaram por um desfiladeiro inesperado, evitando os batalhões para alcançar Barberino, há apenas 23 quilômetros ao norte de Florença. Apanhado de surpresa pela velocidade do avanço de Cardona, Piero Soderini mandou Maquiavel voltar com pressa a Florença e que preparasse a cidade para a resistência. "Faça o melhor que puder", Biagio lhe implorou da chancelaria.

Os espanhóis, no entanto, não avançaram logo para Florença. Com poucas provisões, não conseguiram novos mantimentos graças à tática florentina de esconder ou destruir estoques de ração e alimentos. O que restava para os soldados nos vilarejos desertos eram taças de vinho envenenado. Em busca de comida para seus homens famintos, Cardona se deslocou para o sudoeste em direção ao vale do Bisenzio, e, de lá, como o presságio havia indicado, rumo à Prato. Em 26 de agosto, seu arauto chegou aos portões da cidade, exigindo rendição imediata e suprimento de comida para os soldados. Ao mesmo tempo, Cardona mandou embaixadores até Florença para exigir mais mantimentos. Ele também exigiu a renúncia de Soderini e a volta dos Medici em exílio — embora, dizia ele, como cidadãos comuns e não como governantes.

Soderini avaliou que poderia desafiar Cardona. Ele e seus conselheiros calcularam que o exército faminto de Cardona logo seria forçado a debandar. Os soldados estavam, aliás, tão pouco providos de artilharia para um cerco quanto de pão: apenas dois canhões tinham sido carregados ao sul pelas trilhas íngremes e estreitas das montanhas. O ânimo dos florentinos se alimentava também pela grande fé na milícia de Maquiavel, que era numericamente superior ao exército de Cordona. Oito mil desses milicianos estavam a postos em Florença, enquanto outros 3 mil haviam sido despachados para Prato em 25 de agosto, junto com cem cavaleiros. "Os homens de armas", um florentino otimista escreveu em 26 de agosto, "estavam sedentos para encontrar o inimigo... e tinham vontade de matar a todos". Os milicianos que chegavam a Prato teriam contado uma outra história. Encontraram uma cidade malfortificada e com poucas armas e equipamentos. Os arcabuzeiros foram obrigados a tirar o chumbo do teto de uma igreja para fabricar munição; mesmo assim eles não tiveram pólvora suficiente para detonar suas balas de mosquete improvisadas.

Enquanto seu exército se reunia aos muros de Prato, Cardona fez uma segunda e final proposta a Florença. Não seria mais necessária a renúncia de Soderini: tudo o que Cardona exigia era o retorno dos Medici, pão para os soldados e 30 mil ducados para ele mesmo — um suborno, a bem da verdade, para dar meia-volta com suas tropas depois de estarem de barriga cheia, e que os Medici estivessem de volta ao *palazzo* deles. No passado os florentinos nunca tinham tido qualquer problema em usar ducados para garantir a liberdade. Soderini foi, então, instado por seus conselheiros — Maquiavel provavelmente entre eles — a concordar com os termos de Cardona. Entretanto, o *gonfaloniere* ainda estava confiando nas barrigas vazias dos espanhóis, na força da milícia e (de acordo com Maquiavel), em "certas opiniões vaidosas". Cardona, perdendo a paciência, começou a bombardear as muralhas de Prato com seus dois canhões precários. Uma das armas logo estourou, mas a outra, no dia seguinte, fez um rombo no muro. Às seis da tarde os espanhóis montaram em suas escadas de assalto e se lançaram através da brecha. Era 29 de agosto, muito apropriadamente, a Festa da Degola (isto é, da decapitação) de João Batista, o santo padroeiro de Florença. O que se seguiu foi, na narrativa de Francesco Guicciardini, "não mais alguma resistência, mas apenas gritos, fuga, violência, saque, sangue e matança".

O saque brutal de Prato foi um flagelo de enorme magnitude para Maquiavel. Seus 3 mil milicianos se desmoralizaram ao deporem as armas e fugirem desesperados.

Os espanhóis ficaram surpresos, de acordo com Guicciardini, que homens militares "demonstrassem tanta covardia e tão pouca habilidade". Ou, como outro florentino escandalizado disse, eles "todos ficaram tímidos como camundongos". Talvez umas 4 mil pessoas tenham sido mortas no interior das muralhas de Prato: cerca da metade, membros da milícia; e o resto, habitantes indefesos. Outros sofreram terríveis atrocidades nas mãos dos homens de Cardona. Lamentando o "deplorável espetáculo de calamidade" em Prato, o próprio Maquiavel fez referência indireta à horrível natureza destes crimes: "Eles nem mesmo pouparam as virgens enclausuradas nos lugares santos, que se encheram de atos de estupro e pilhagem."

O grande sonho de Maquiavel fracassara estrondosamente. A milícia de cidadãos na qual ele havia investido mais de seis anos de esperança e trabalho duro provara ser um desastre ainda maior do que o canal inútil ou os *condottieri* descarados. Sua fé na coragem e confiabilidade de um exército de cidadãos tinha se provado a mais frágil das ilusões. A população de Prato pagara com sangue por esse equívoco. Florença, ao que tudo indicava agora, pagaria o preço com sua liberdade.

A notícia do saque de Prato, quando chegou à Florença, provocou "grande perturbação nas mentes dos homens". Mas ninguém estava mais perturbado do que Piero Soderini. De acordo com Guicciardini, o *gonfaloniere* estava "aterrorizado [...] tendo perdido quase que completamente sua reputação e prestígio". A crise o tornou indeciso e frouxo, e quando, em 31 de agosto, um grupo de partidários dos Medici irrompeu no Palazzo della Signoria e pediu sua demissão, ele desabou em lágrimas e ameaçou se suicidar. Maquivel foi o homem para quem ele se voltou nessa hora de desespero. O segundo chanceler assumiu o controle do palácio e conseguiu que seu amigo fosse transportado em segurança para o exílio. No dia seguinte, Giuliano de' Medici cavalgou vitorioso pelos portões de Florença.

Aos 33 anos, Giuliano tinha passado a maior parte do tempo de seu exílio na corte de Urbino. Era, como seu pai Lorenzo, um palaciano elegante mais do que um guerreiro. Um retrato dele pintado por Rafael, alguns anos depois, mostraria um jovem delgado, de pescoço longo, com barba rala e um chapéu vistoso num ângulo de alto estilo. Ele seria também imortalizado por Baldassare Castiglione no *Livro do Cortesão*, que o festejava por sua "bondade, nobreza e cortesia". Embora com apenas 15 anos quando os Medici foram expulsos de Florença, na ocasião ele já era conhecido de Maquiavel, que parece ter escrito um poema em sua homenagem, e fazia parte, talvez por pouco tempo ou de maneira marginal, do círculo de seu pai. Maquiavel, portanto, tinha seus motivos para esperar que, mesmo com sua fama de braço direito de Soderini, não sofreria demais com o retorno dos Medici.

A princípio parecia que a cidade teria paz, com poucas mudanças no governo. Em 3 de setembro, Florença aderiu à Liga Santa, concordando com a volta dos Medici como cidadãos comuns e pagando 40 mil ducados para Cardona. Alguns dias depois, a Signoria elegeu um novo *gonfaloniere*, Giovanbattista Ridolfi, um membro destacado dos *ottimati*, e velho opositor de Soderini; seu período no cargo era para durar 14 meses. Nesta altura parecia que os Medici haviam sido bem assimilados na República, que seria governada sem maiores alterações. "A cidade está calma e pacífica", Maquiavel escreveu pouco depois da fuga de Soderini, "e espera, com a ajuda desses Medici, viver com a mesma honra com que viveu nos tempos passados, quando governava seu pai, Lorenzo, o Magnífico, de felicíssima memória".

Esta situação não duraria muito, graças aos "desacordos entre os cidadãos", como Guicciardini reclamou, e à presença tentadora, para os partidários dos Medici, dos soldados espanhóis. Na metade de setembro, um grupo de jovens simpatizantes dos Medici — entre eles o autor do complô de assassinato de Soderini, Prinzivalle della Stufa — engenhou um rápido golpe de estado. Descontentes com a eleição de Ridolfi, a quem enxergavam como moderado demais, eles e Giuliano de' Medici entraram no Palazzo della Signoria com armas escondidas nas capas. Mediante um sinal, o grande sino da torre conhecido como *La Vacca* começou a tocar um alarme que chamava, havia dois séculos, os homens florentinos para a praça. A praça também se encheu, entretanto, de soldados espanhóis. Da *ringhiera*, ao lado do *Davi* de Michelangelo, foi lido para a população um decreto, pelo qual os florentinos se viram na obrigação de aceitar, sob a ponta das lâminas dos espanhóis, a dissolução do Grande Conselho e a implantação de um conselho de governo formado por 40 cidadãos — todos leais aos Medici — a quem seria conferida absoluta autoridade. Florença era agora uma república só no nome: o poder de fato não residiria mais no Palazzo della Signoria, mas a uma curta distância, no Palazzo Medici. Os novos senhores de Florença eram Giuliano e seu irmão mais velho, o cardeal Giovanni.

O legado de Maquiavel foi rápida e inteiramente destruído. Sua milícia foi desarmada e dispersa, e os Nove Oficiais da Ordenança e Milícia Florentina, destituídos. Mas por enquanto ele ficou no seu cargo de segundo chanceler. Pouco se sabe de suas atividades, então, mas em algum dia de outubro ele tirou um tempo para oferecer um conselho não solicitado aos mediceanos. Ele escreveu o *Ricordo ai palleschi*, ou "Memorando aos Defensores dos Medici", uma espécie de carta aberta na qual ele argumentava que criticar o regime de Piero Soderini para lisonjear os novos senhores Medici seria uma manobra contraprodutiva que poderia levar — e isto era irrealista ao extremo — à restauração do governo de Soderini. Ele escreveu também uma carta para o cardeal Giovanni (conhecido dele, provavelmente também do círculo de Lorenzo) a respeito da nomeação, no final de setembro, de cinco oficiais para inventariar as propriedades confiscadas dos Medici em 1494. Maquiavel alertou o cardeal que a retomada destas propriedades e possessões resultaria no afastmento político de grande parte do povo. O cardeal Giovanni prestou pouca atenção: as propriedades confiscadas voltaram para as mãos dos Medici.

Qualquer que tenha sido sua relação no passado, nos idos de 1512 nem Giuliano, nem o cardeal Giovanni teriam sido particularmente amigáveis com o segundo chanceler. Maquiavel havia se posicionado duramente contra a família em 1508, quando foi arranjado um casamento entre Filippo Strozzi (membro de uma distinta família florentina) e Clarice de' Medici, a filha de 15 anos do falecido Piero, o Desafortunado. O casamento proposto era visto por Soderini, que se opunha à união, como uma conspiração, pela qual os Medici ganhariam o apoio dos influentes Strozzi para seu retorno à Florença. O casamento foi denunciado por Maquiavel, que se opôs a ele com intransigência, argumentando que, como Piero era um rebelde contra Florença, toda sua descendência era para ser considerada rebelde, incluindo sua jovem filha. Os Oito da Guarda decidiram o caso em favor de Clarice, e as bodas aconteceram em 1509. Porém, Giuliano e o cardeal Giovanni não teriam esquecido da oposição veemente de Maquiavel à sua família e de seu ataque eloquente à sobrinha deles na ocasião. As palavras pronunciadas por Piero Soderini deviam estar ecoando em seus ouvidos desde que Giuliano de' Medici apareceu em Florença. Em um discurso para o Grande Conselho no fim de agosto, Soderini alertara que se os Medici voltassem a Florença, seu governo seria cruel e vingativo, marcado pela desconfiança e pela represália: eles não esqueceriam, ele previu, "seu exílio e a maneira severa com que tinham sido tratados".

Maquiavel tinha presenciado o expurgo dos seguidores de Savonarola de seus postos no governo em 1498, e estava em Roma, em 1503, quando Júlio II impiedosamente se vingou de César Bórgia. Portanto, não deve ter ficado surpreso quando, em 7 de novembro, ele foi exonerado de seu cargo na chancelaria. A Signoria, agora dominada pelos mediceanos, decretou que ele deveria ser "demitido, exonerado e totalmente removido". Seu posto foi imediatamente ocupado por Niccolò Michelozzi, um adepto dos Medici e antigo secretário de Lorenzo, o Magnífico. Três dias depois, em 10 de novembro, Maquiavel foi condenado a um confinamento nos territórios florentinos e forçado a pagar uma fiança de mil ducados de ouro, uma soma alta (equivalente a quase oito anos de seu salário) o que o obrigou a pedir dinheiro emprestado aos amigos. Mas os Medici e seus fiéis tinham mais um castigo guardado: uma semana depois, ele foi proibido por um ano de botar os pés no Palazzo della Signoria.

A carreira política de Maquiavel tinha chegado a um fim abrupto. Saindo de seu gabinete na chancelaria pela última vez, ele pode muito bem ter feito uma pausa para olhar para o afresco da Roda da Fortuna sobre a porta de entrada do Salão dos Lírios. A deusa caprichosa, sem dúvida, se voltara contra ele.

XIV

MAQUIAVEL TINHA 43 anos em 1512. Se, como os Medici, ele inventariou tudo o que lhe tinha sido confiscado, deve ter sentido que sobrava muito pouco pelos muitos anos de serviço à república. Fora banido do prédio que por quase 15 anos tinha sido a sua casa, muito mais até do que a Casa Maquiavel do outro lado do rio. Pior ainda, o homem que estava tão habituado a "cavalgar, vaguear e passear" estava confinado às fronteiras florentinas, sem objeto para as energias, habilidades e ambições. E talvez pior de tudo, ele, assim como Soderini, perdera reputação e prestígio.

A demissão de Maquiavel deve ter sido mais sofrida pela informação de que ele e Biagio Buonaccorsi foram os únicos membros da chancelaria a perderem seus cargos. O fato de sua saída não fazer parte de nenhuma varrida geral no Palazzo della Signoria indicava o nível de sua impopularidade — e não apenas com os Medici e os *ottimati*. Ao longo dos anos, ele havia afastado de seu convívio muitos políticos e homens de negócios florentinos, primeiro com sua arrogância e rispidez, e depois com um comportamento escandaloso que se tornou combustível para muitas fofocas. Finalmente, a atuação patética de sua milícia na hora da maior necessidade de Florença parecia demonstrar a inutilidade tanto de seu projeto favorito, quanto da sua capacidade de liderança. A aprovação que tivera no Fiume Morto, em 1509, transformou-se, três anos depois, em reclamações generalizadas de tolice e incompetência.[1] E se ele sentiu naquele outono que a situação não poderia ficar pior, infelizmente estava enganado: em poucos meses, ele foi preso e levado ao cárcere.

A detenção de Maquiavel aconteceu em 18 de fevereiro de 1513. Ele foi um dos 12 homens presos pelos Oito da Guarda em conexão ao complô para assassinar Giuliano de' Medici. A conspiração foi descoberta quando uma folha de papel com o nome de vinte conspiradores caiu acidentalmente da mão do suposto líder, Agostino Capponi, rapaz que pertencia a uma das melhores famílias de Florença. O sétimo nome na lista de Capponi era Maquiavel. Detido com Capponi e outros supostos conspiradores, ele foi levado para a Stinche, uma antiga cadeia próxima à Igreja de Santa Croce. Como mau augúrio, esta era a mesma prisão em que seu parente distante, Francesco Maquiavel, primo de segundo grau de seu pai, havia sido decapitado em 1459 por sua oposição a Cosimo de' Medici. Agora parecia possível que a lâmina dos Medici ceifasse a carreira política de outro Maquiavel.[2]

Maquiavel certamente não era contra assassinatos políticos, especialmente se levasse à libertação de uma cidade ou estado da tirania. Mas seu envolvimento na conspiração de Agostino Capponi foi marginal, no mínimo. Está certo que ele conhecia alguns conspiradores, entre estes, Niccolò Valori, ex-embaixador para França e amigo de longa data. Mesmo que tenham confiado a ele a ideia, não parece que tenha participado ativamente do complô. Ao ser interrogado pelos Oito da Guarda, outro amigo, Giovanni Folchi, confessou ter se encontrado com Maquiavel para tratar do atentado. Levando em conta o tratamento duro que vinha recebendo

136

deles, dificilmente Maquiavel não apoiaria uma conspiração contra os Medici: a derrubada de Giuliano de' Medici e seu regime abriria as portas para seu retorno ao governo.

Apesar disso, Maquiavel não parece ter oferecido aos conspiradores ajuda ou apoio algum. De acordo com a confissão de Folchi, ele teria simplesmente respondido que o governo atual poderia em breve se afundar por si mesmo, pois a ausência de uma figura como Lorenzo, o Magnífico, significava que não havia ninguém "para segurar o leme".[3] A observação pouco apoia a ideia de que a salvação de Florença estaria na ponta de uma adaga. Mesmo assim, a observação negativa sobre Giuliano em nada o ajudou, e aparentemente ele foi levado para a câmara de tortura e submetido a um aparelho chamado de *strappado* (de *strappare*, rasgar). Essa técnica envolvia amarrar os braços da vítima atrás das costas presos com uma corda em roldana e então fazer o corpo cair de um ponto no alto, de forma que quando a corda chegava no fim os ombros eram deslocados. Maquiavel sobreviveu, aparentemente, a seis destas quedas sem se incriminar. Ele escreveu mais tarde que sua força intestinal o levou a se "considerar mais homem do que acreditava que fosse".

Cinco dias depois da prisão, enquanto jazia algemado na cela, Maquiavel foi despertado por barulhos em torno da cadeia. Ao norte da Stinche ficava a Via de' Malcontenti, chamada assim por ser a estrada pela qual os criminosos condenados à morte rumavam para a execução. Os condenados eram sempre acompanhados em sua via dolorosa por membros encapuzados da Confraternità dos Neri, os "Irmãos Negros", cujo papel era consolar os condenados entoando hinos fúnebres e segurando diante dos olhos imagens pintadas da Crucificação. Na manhã de

23 de fevereiro, os Irmãos Negros cantavam salmos para dois dos conspiradores, Capponi e um jovem albino chamado Pietropaolo Boscoli. Levada numa carroça pela Via de' Malcontenti, a dupla foi degolada às dez da manhã no Pratello della Giustizia (Campo da Justiça).

Temendo pela própria vida, Maquiavel não expressou simpatia por Capponi e Boscoli: "Agora, deixe-os ir, eu rogo", ele escreveu para Giuliano de' Medici, "se tão somente sua misericórdia se voltar para mim". Estas palavras fizeram parte de um poema de 20 linhas, uma espécie de "soneto de prisão", composto como um apelo por clemência enquanto aguardava seu destino. Descrevendo-se como poeta (uma possível tentativa de evocar a memória de seus dias na corte de Lorenzo, o Magnífico), ele lamenta o desconforto da tortura das seis quedas no *strappado* e o incômodo das suas algemas. "Meus outros infortúnios não contarei", ele diz, mas logo os enumera em detalhe: o fedor da cela, o tamanho de seus piolhos, os gritos dos prisioneiros vizinhos sendo torturados. O poema termina com Maquiavel ouvindo os Irmãos Negros e, então, fazendo suas observações impiedosas sobre Capponi e Boscoli.[4]

As estrofes cínicas e frias no final do poema já levaram alguns biógrafos de Maquiavel a se esquivarem em horror e embaraço, ou a desculpar seu biografado sugerindo que ele escreveu as palavras (como um deles defendeu) "em um momento de mau humor". Este mesmo biógrafo, Pasquale Villari, chegou a imaginar que Maquiavel foi levado a tais sentimentos "por imposição da rima". O poema, mesmo assim, revela menos os sentimentos de Maquiavel sobre o tratamento de Capponi e Boscoli do que sobre seu próprio tratamento na cadeia. É curioso que tantos biógrafos de Maquiavel enxerguem esse exercício poético como um registro objetivo do fato histórico. Na realidade, a obra está tão repleta de dispositivos literários (como se esperaria de um poema) que chega a lançar dúvidas sobre qualquer leitura literal da experiência de Maquiavel. Treinado na arte da eloquência, ele utiliza uma gama de estratégias retóricas — técnicas ensinadas em obras como *De inventione*, de Cícero — para construir sua linguagem e seus argumentos de maneira que estimulem sentimentos de piedade e misericórdia.

O poema começa com o *exordium* — o apelo a Giuliano, saudado pelo nome — e acaba com um *peroratio*, a súplica final pela qual o orador ou escritor se despede graciosamente: "Supere o nome de seu pai e de seu avô." Pelo caminho, Maquiavel emprega diversas figuras de retórica. De acordo com o poema, os piolhos na cela são tão grandes quanto as borboletas, e o odor, pior que o dos Roncesvalles — uma referência ao campo de batalha no poema épico francês, *A Canção de Rolando*. Os sons dos cadeados, dos ferrolhos e das chaves são, alega o poeta, como Júpiter lançando raios sobre a terra do alto do "Mongibello", um nome local para o monte Etna. Estas são mais do que simples hipérboles; são floreadas alusões literárias. Ele também utiliza a subestimação irônica, chamando sua cela de *delicato ostello*, ou "pousada refinada". Sua omissão pretensa ("meus outros infortúnios não contarei") é um exemplo textual de paralipse, uma figura que ele veio a conhecer na *Retórica para Herennius,* entre outras obras. Esta obra clássica, atribuída durante a Renascença a Cícero, ofereceu o exemplo típico de um orador ou escritor fingindo se esquivar de alguma coisa desagradável, quando, de fato, enfatizava: "Eu ignoro seus roubos e furtos."

Escrito no vernáculo, o poema transborda sofisticação literária, assim como dispositivos retóricos. Maquiavel faz uso, por exemplo, de aliteração: no espaço de poucas linhas ele dispõe *poeti* (poetas), *parieti* (paredes), *pidocchi* (piolhos), *paffuti* (saciados) e *puzzo* (fedor). Ele usa também o mesmo esquema de rima empregado por Petrarco em seus sonetos, rimando a primeira e a quarta linhas; e a segunda e terceira, numa estrofe de quatro linhas. A maior parte do poema está, como nos sonetos de Petrarco, em pentâmetro iâmbico, e inclui uma quantidade de rimas engenhosas: *farfalle* (borboletas) com Ronscesvalles. Tudo isso reunido justifica plenamente a descrição de Maquiavel de si mesmo, na quarta linha, como um poeta.

O poema, portanto, não é nem uma descrição literal das condições de aprisionamento, e nem algumas linhas de versos tortos escritos num momento de mau humor. Trata-se de poesia tecnicamente elaborada, cujo emprego da retórica e de alusões literárias levantam a questão de como tal obra pode ter sido escrita por alguém acorrentado e sob tortura numa cela fétida. A tortura era amplamente difundida em Florença. As técnicas incluíam não apenas o *strappado*, mas também o suplício, e um método no qual as solas dos pés eram esfoladas e então queimadas com brasas ardentes. Não há dúvidas de que Capponi e Boscoli teriam sido submetidos a esses recursos brutais. Mas será que o relato de Maquiavel em seu poema sobre as seis quedas do *strappado* é simplesmente mais uma peça de hipérbole, como suas descrições do tamanho dos piolhos e o som dos cadeados? As primeiras quedas da corda por que passou Savonarola (ao longo de um mês em 1498, ele foi submetido a 14 estiramentos) deixaram seus músculos estraçalhados e sua mente tão abalada que nenhuma confissão com nexo pôde ser extraída pelos torturadores. Outro frade aprisionado com Savonarola, Fra Domenico, descreveu os efeitos terríveis do *strappado* em si mesmo: "Eu estou todo quebrado, e meus braços imprestáveis, principalmente o esquerdo, que por isto [a tortura] foi deslocado pela segunda vez."[5] De qualquer modo, independentemente da natureza ou gravidade de sua tortura, não há dúvida de que Maquiavel mostrou muita coragem, assim como talento literário, durante seu confinamento. Não está claro, porém, que o seu bem elaborado poema — o apelo eloquente por misericórdia — tenha chegado até Giuliano de' Medici ou, caso tenha, se exerceu algum efeito sobre ele.

Cedo, na manhã do dia 11 de março de 1513, Maquiavel teria sido acordado em sua cela pelo som do badalo de sinos e tiros de canhão. O papa Júlio II havia morrido em 21 de fevereiro, poucos dias após a prisão de Maquiavel, e no conclave que se seguiu, o cardeal Giovanni de' Medici, com a idade de apenas 37 anos, foi eleito papa Leão X. Os cinco dias de comemoração superaram tudo que se havia visto em Florença. Canhões foram detonados numa saudação contínua, o Palazzo della Signoria foi iluminado com barris de vinho incendiados, e coches triunfantes desfilaram pelas ruas em direção à entrada do Palazzo Medici. A alegria da cidade foi tão grande que até as mulheres — normalmente trancadas por medida de segurança — se mostraram nas janelas das casas. O povo começou a atirar seus letreiros, seus assoalhos e móveis nas chamas nessa celebração frenética; alguns até tiraram as vigas dos tetos de suas lojas. "Parecia que a cidade estava de cabeça para baixo", registrou um atônito florentino.

Maquiavel foi salvo de mais torturas e da cadeia — e possivelmente até da execução — por este acontecimento inesperado. Ele foi solto como parte de uma anistia geral, em 11 ou 12 de março, após três semanas de prisão. Quando cruzou a Ponte Vecchio para a Casa Maquiavel, em meio ao tumulto de canhões e sinos, com nuvens de fumaça e o estalido de vigas queimando, ele pode ter acreditado, como todos, que uma Era de Ouro estava nascendo para Florença. Um florentino, filho de Lorenzo, o Magnífico, estava no Vaticano. Embora não estivesse claro o que este novo mundo traria para o ex-prisioneiro Nicolau Maquiavel.

De que maneira Maquiavel comemorou sua libertação da Stinche? Numa carta para um amigo em Roma, datada de 18 de março, escreveu que ele estava "marcando o tempo durante as festividades gerais, aproveitando o restante desta vida". Aproveitar a vida significava uma coisa em particular para Maquiavel: "Todo dia nós visitamos a casa de alguma garota para recuperar o nosso vigor", ele escreveu em tom de brincadeira. E até se vangloriou para um amigo dizendo ter assistido à procissão de pés descalços da Madona de Impruneta — trazida a Florença em agradecimento pela eleição de Leão X — da janela da casa de uma prostituta chamada Sandra di Pero.

Seu amigo em Roma era Francesco Vettori, com quem Maquiavel havia servido na corte de Maximiliano nos primeiros meses de 1508. Vettori teria parecido, num primeiro momento, um inimigo natural para Maquiavel. Sua família era de mediceanos fiéis (seu pai fora embaixador no tempo de Lorenzo, o Magnífico) e eles eram aparentados por sangue e por matrimônio a alguns dos maiorais dos *ottimati*. Apesar disso, Maquiavel havia encontrado em Vettori uma companhia agradável, alguém que gostava de uma boa piada e (pela quantidade de referências entusiasmadas na sua correspondência) de frequentar prostitutas.

Vettori tinha subido no mundo político desde os dias com Maquiavel em Innsbruck, muito por causa de seu irmão, Paolo, amigo íntimo de Giuliano de' Medici. No final de dezembro de 1512, Vettori fora nomeado embaixador florentino ao Vaticano, posto que assumiu formalmente em fevereiro. A dupla havia se tornado tão próxima que Vettori partiu de Florença num cavalo emprestado por Maquiavel. Emergindo da masmorra em busca de um cargo, Maquiavel pediu ajuda, naturalmente, ao seu prestigiado amigo. Ele escreveu para Roma pedindo que Vettori conseguisse para seu irmão Totto (que se ordenara padre em 1509) um cargo entre os funcionários do papa Leão. Depois ele ousou perguntar sobre suas próprias chances junto aos Medici: "Se possível, me lembre ao Nosso Senhorio, para que, se for possível, ele ou a sua família possam contratar os meus serviços de alguma maneira, porque eu creio que isto será honroso para você e útil para mim." Foi um apelo comovente, mas um tanto desesperado, de alguém que estivera muito recentemente numa alta posição.

Vettori prometeu fazer alguma coisa, dentro de seu raio de influência, para "honrar e beneficiar" seu amigo. Mas a situação era delicada e, em abril, ele confessou que nada poderia conseguir nem para Maquiavel, nem para seu irmão. A única promessa que poderia fazer era que, se Maquiavel fosse estar com ele em Roma, "não falharemos a pegar uma garota que tenho perto da minha casa e passar algum tempo com ela". Nem esta oferta entusiasmou Maquiavel, cujo ânimo começava a cair. Na metade de abril, ele escreveu novamente a Vettori, ainda desesperado para conseguir um emprego, e incrédulo de que os Medici pudessem ignorar um homem de seu talento. "Não consigo acreditar que, se Sua Santidade me colocasse a trabalhar, eu não iria me ajudar e trazer utilidade e honraria a todos os meus amigos." Mas Vettori ou não queria, ou não podia ajudar. Por mais inocente que possa ter sido na conspiração de Capponi e Boscoli, Maquiavel era *persona non grata* na corte dos Medici.

Ainda assim, Maquiavel neste momento se empenhou ao máximo para tentar ganhar os Medici. Com a pena ainda afiada pelo soneto para Giuliano de' Medici, ele escreveu a letra da *Canção dos Espíritos Benditos*. O carnaval e as músicas de carnaval tinham sido importantes um dia como parte da vida cultural florentina. Durante o principado de Lorenzo, o Magnífico, acontecia o Calendimaggio, uma agitada comemoração de primeiro de maio com cortejos, carros alegóricos e desfiles, em que artistas fantasiados e mascarados dançavam nas ruas e cantavam madrigais. Algumas dessas canções foram compostas pelo amigo de Maquiavel, Heinrich Isaac; outras foram escritas pelo maior poeta da época, Angelo Poliziano, e outras ainda, pelo próprio Lorenzo. O Calendimaggio desaparecera com a morte de Lorenzo e a ascensão de Savonarola, mas retornou, menos animado, após 1498. A volta dos Medici a Florença prometia uma volta dos festivais em geral, e do Calendimaggio em particular.

Na *Canção dos Espíritos Benditos*, Maquiavel aplicou seus talentos poéticos para celebrar a ascensão de Leão X, e, ansiava a música, um longo período de paz. Não se sabe se a canção chegou a ser executada em público; se foi, aqueles acostumados com as brincadeiras do "Machia" — e com a comicidade das músicas de carnaval em geral, que celebravam eventos como a chegada de maio e a incomparável beleza das mulheres florentinas — devem ter se surpreendido com a seriedade, e até mesmo a melancolia dos versos quase fúnebres que lamentam:

> A aflição deplorável e cruel dos miseráveis mortais
> Sua longa angústia e sofrimento sem remédio
> Seu lamento dia e noite por doenças incontáveis
> Os levam a se queixar com soluços e dor.
> Com vozes altas e protestos.[6]

Estes sentimentos desconsolados mostram o quanto Maquiavel estava na contramão do espírito alegre da época. Seu desânimo, na chegada da primavera de 1513, pode ser percebido nas linhas de um dos sonetos de Petraco que ele escolheu para incluir numa carta a Vettori:

> Portanto, se às vezes eu dou risada ou canto
> Eu o faço porque não tenho outro modo a não ser esse
> De dar vazão ao meu amargo pranto.

Esta carta tem a data de 16 de abril, duas semanas antes do Calendimaggio. Se Maquiavel escreveu *Canção dos Espíritos Benditos* para o festival de 1513, ele não ficou em Florença para ouvir a execução dela. No final de abril, ele deixou a cidade para sua fazenda em Sant'Andrea in Percussina. Agora, estava claro que nenhum de seus esforços para ganhar o favor dos Medici tinha dado o mínimo fruto. E aqui, então, nas colinas ao sul de Florença, com nenhum prospecto em vista, ele sofreria seu cruel martírio e se entregaria ao seu amargo pranto.

XV

A VILA DE SANT'ANDREA in Percussina ficava na antiga Via Romana, 11 quilômetros ao sul de Florença e 3 quilômetros ao norte da cidade de San Casciano, fortificada e dominando uma colina. Em 1513, a vila era composta de uma pequena igreja, uma taberna, um poço, um açougue, uma moenda, uma torre com casas pequenas em volta e uma casa maior de pedra — a residência Maquiavel —, cujas qualidades suspeitas lhe renderam o apelido de Albergaccio, ou "Pousadaça". Do outro lado da rua do Albergaccio ficava uma pequena moradia para o caseiro e sua família, assim como uma prensa de azeite, uma casa de forno, um abrigo para animais e uma casa adaptada para a produção de vinho. Além desse pequeno agrupamento de construções, seguindo um declive da colina para um rio, estendia-se o restante do que Maquiavel considerava seu "patrimônio minúsculo": olivais, pastagens, um vinhedo e um bosque de carvalho chamado "Caffagio". Longe na distância, mas ainda bem visível do jardim do Albergaccio, estava a cúpula de Santa Maria del Fiore e — esta era a suprema crueldade da Fortuna — o campanário do Palazzo della Signoria.

Maquiavel se instalou neste ambiente bonito porém rústico, deprimido e decepcionado, no final de abril. Aqui ele viveu, como escreveu para Francesco Vettori, "afastado de qualquer rosto humano". Mas não era exatamente a verdade. Em sua companhia estava Marietta, sua esposa havia 12 anos, agora grávida do sétimo filho do casal. Um dos filhos morrera, ainda na infância, em 1506, mas ficaram três meninos (Bernardo, Lodovico e Guido) e duas meninas (Primerana e Bartolomea). "Marietta e todos nós estamos bem", ele escreveu em junho para o sobrinho Giovanni, filho de sua falecida irmã Primavera. Um mês mais tarde, Marietta deu à luz uma menina, que morreu pouco depois. A morte abalou ainda mais o espírito aflito de Maquiavel. "Fisicamente, me sinto bem", ele escreveu a Giovanni no começo de agosto, anunciando o falecimento da menininha, "mas doente em todos os outros aspectos. Nenhuma outra esperança resta para mim, a não ser que Deus me ajude". Foi nesse instante, no verão de 1513, que, sentado em sua escrivaninha no Albergaccio, ele tomou sua pena e começou a escrever uma obra bem diferente dos versos dirigidos aos Medici. Maquiavel estava prestes a fazer da necessidade uma virtude.

Na visão de Petrarco, um retiro forçado em ambiente rural tinha lá seus benefícios. Louvores a uma casa no campo já tinham sido cantados por autores romanos antigos como Plínio, o Jovem. Petrarco, por sua vez, abordou entusiasticamente o tema em *De vita solitaria* (Sobre a vida solitária), argumentando que estudo e contemplação exigiam uma retirada da rotina dos homens, para uma vida serena de repouso bucólico. Maquiavel preferia as cidades e a vida ativa, mais do que quase qualquer outro homem sobre a terra; ainda assim, como expôs numa carta a Vettori, em 10 de dezembro, ele tinha começado a aproveitar a vida calma em Sant'Andrea in Percussina. Embora sua existência fosse de tédio, problemas, e medo da pobreza e da morte, ele tinha sido resgatado das preocupações ao estudar e escrever sobre o que ele anteriormente chamou de "a ação dos homens e suas maneiras de fazer as coisas".

O estímulo para a carta de Maquiavel foi uma que ele recebeu de Vettori um pouquinho antes. "Eu decidi lhe contar como é a minha vida em Roma", Vettori iniciava. O que se seguiu foi uma crônica de um dia típico de embaixador em Roma. Os dias de Vettori eram passados, aparentemente, numa profusão de entretenimentos dispendiosos ("três ou quatro pratos, comendo de serviço de prata"), audiências com o papa, conversas com cardeais e visitas de distintos hóspedes estrangeiros à sua casa grande perto do Vaticano. A única queixa dele era que, desde que se mudara de casa, "eu não estou perto de tantas cortesãs como estava no verão passado".

Seu relato entusiasmado lembra alguém se empanturrando de comida diante de um homem faminto, mas Maquiavel não se ofendeu. "Eu quero lhe pagar na mesma moeda", ele respondeu amigavelmente em sua carta de 10 de dezembro. Decidiu, então, oferecer um relato detalhado de como passava seus dias e noites no exílio indesejado da rotina urbana.[1]

O dia típico de Maquiavel, como ele descreve, começa antes do amanhecer. Sua primeira tarefa é colocar comida na mesa e, depois, ele mistura visgo — uma substância gosmenta feita normalmente de casca de árvore fermentada — e se dirige para as matas com várias gaiolas nas costas. Passando a cola de visgo nas armadilhas, ele voltará para casa com "pelo menos dois, no máximo seis sabiás". Outras diversões vêm a seguir: cortar lenha e fofocar com seus lenhadores, indo depois para a sombra de uma árvore frondosa com um volume de Dante ou Petrarco, "ou um dos poetas menores", debaixo do braço, para ler as "paixões amorosas" deles, enquanto rememora, prazerosamente, as suas. Em seguida, no caminho de volta para Sant'Andrea in Percussina, ele passa na taberna ao lado do Albergaccio para trocar ideias com viajantes que ali pararam para se refrescar. A esta altura, chegou a hora do almoço, o *comesto*, na Albergaccio com toda a família. (Um modelo de autossuficiência, ele tem em sua mesa apenas produtos de sua horta, campos e pastos.) Depois do almoço, ele volta para a taberna para aproveitar as horas da tarde com a turma local: o dono da taberna, um açougueiro, um moleiro e trabalhadores de uma olaria vizinha. Eles jogam *cricca* (um jogo de cartas ilegal em Florença até 50 anos antes) e *tric-trac*, um jogo de tabuleiro semelhante ao gamão. Estas partidas são intensamente disputadas, levando a "milhares de brigas, infindáveis abusos e vituperações". A trágica sina de um ex-segundo chanceler da República de Florença jogando dados e movendo peças num tabuleiro de gamão numa taberna rural não passa despercebida por Maquiavel, que faz uma pausa para imaginar se "o destino está envergonhado de me tratar assim".

Maquiavel volta para casa destes tumultuados jogos de azar ao anoitecer. Somente agora o seu dia começa para valer. Sua carta oferece a Vettori um vislumbre do verdadeiro conforto que ele tem encontrado em sua vida contemplativa. O tédio e a distração fútil fogem quando, entrando em seu escritório, ele tira as roupas sujas de trabalho e veste, assim como nos velhos tempos, os "trajes da corte e do palácio". Vestido assim, ele adentra "a venerável

149

corte dos antigos" — nos universos de homens como Alexandre, o Grande, Xenophon e Júlio César — e se alimenta "do alimento que é meu *unicamente* e para o qual eu nasci". Ele conversa com estes governantes da antiguidade, indagando-lhes sobre os motivos por trás de seus atos, enquanto eles, "de sua gentileza humana me respondem. E por quatro horas ininterruptas eu não me entedio, e esqueço de todos os meus queixumes, não temo a pobreza e não fico assombrado com a morte. Eu mergulho neles completamente". Mas isso não é tudo, Maquiavel conta para Vettori. Tomando sua pena, ele tem "anotado o que eu tenho extraído de proveitoso da conversa deles", e estas percepções ele tem transformado num "estudo breve" chamado *De principatibus* (Sobre Principados).

Esta foi a primeira referência conhecida de Maquiavel sobre a obra que se tornaria *O Príncipe*. Ele provavelmente começou o ensaio em agosto, enquanto abandonado na maior calmaria, e o trabalho foi concluído, graças ao tempo livre indesejado, próximo à data da carta que escreveu para Vettori na segunda semana de dezembro. Ele esperava enviar o manuscrito a Vettori, em parte para conhecer sua opinião, mas principalmente porque queria que seu amigo o apresentasse a Giuliano de' Medici, a quem pretendia dedicá-lo. Giuliano, ele acreditava, se beneficiaria da sabedoria do texto: "Através deste meu ensaio, se fosse lido, ficaria evidente que durante os 15 anos em que estive estudando a arte do Estado eu não cochilei e nem fiquei de bobeira, e qualquer um deve ficar feliz em utilizar alguém que acumulou tanta experiência" — ele finalizou, otimista.

Vettori escreveu de volta na véspera do Natal pedindo comedidamente para ler o manuscrito. Maquiavel mandou imediatamente um grande trecho para Roma: o restante, ele ainda estava "engordando e enfeitando". A resposta de Vettori sobre o que leu foi, na melhor das hipóteses, morna. Numa carta de 18 de janeiro, ele admitiu ter gostado do que tinha lido, mas, não tendo visto o trabalho completo, decidiu esperar para julgar se devia ou não ser enviado a Giuliano. Como sempre, Vettori estava muito mais interessado em contar suas experiências com uma jovem de 20 anos chamada Constanza, filha de um vizinho. "Eu me tornei quase um prisioneiro dessa Constanza", ele desfalecia na carta. "Eu me atreveria a dizer que nunca vi olhos tão bonitos e nem mulher mais sedutora." Escondendo seu desapontamento com a resposta do amigo, Maquiavel escreveu de volta lhe dando conselhos sobre como lidar com Constanza. Era um conselho que ele próprio estava penando para seguir; e era um conselho — se o mundo escutasse — que ele esperava poder oferecer a príncipes, uma vez que seus preceitos para assuntos de estado eram muito parecidos com suas receitas para sucesso no amor: "Enfrente a Fortuna com decisão", ele escreveu a Vettori, "e siga aquele caminho entregue à sua porta, enviado pelos céus em revolução, e as condições criadas pelo tempos e pela humanidade".

A Fortuna e os céus em revolução logo deixaram mais tribulação à porta de Maquiavel. Alguns meses depois, em maio, ele pressionava um evasivo Vettori para uma opinião honesta: a obra devia ser enviada a Giuliano ou não? Vettori, tendo talvez feito sondagens em Roma, respondeu com uma negativa. Mais uma vez as esperanças de Maquiavel tinham sido cruelmente frustradas. Em carta a Vettori datada de 10 de junho, ele descreveu enraivecido sua situação como a de alguém que estava se "decompondo [...] incapaz de encontrar qualquer homem que se lembre do meu serviço ou acredite que eu possa servir para alguma coisa". Seus livros sobre príncipes e principados podem tê-lo distraído por algumas horas a cada noite, ajudando-lhe a superar sentimentos de falta de valor e depressão; mas aparentemente não tinham qualquer outro propósito. O estudo breve ficou de lado, para acumular poeira.

Por que Francesco Vettori se recusava a apresentar o trabalho do amigo para Giuliano de' Medici? Era irremediável a repugnância de Maquiavel na corte dos Medici? Ou Vettori percebeu o potencial para controvérsia numa obra tão original e revolucionária?

Vettori teria reconhecido imediatamente que *O Príncipe* fazia parte de uma extensa tradição literária, aquela de "espelho para os príncipes". *Sobre Realeza,* de Tomás de Aquino, e *O Governo dos Príncipes*, de Giles de Roma, ambos do século XIII, eram dois dos maiores exemplos. Eram manuais que ofereciam orientação política para chefes de estado iniciantes. Como eles, *O Príncipe* trata o que Maquiavel chamava de "a arte do Estado". Oferece instruções sobre como governar principados, com referência especial aos territórios conquistados através "da força e da sorte de outros".[2] O interesse particular de Maquiavel sobre como consolidar o poder adquirido desta maneira — em contraste às questões de governo de um principado hereditário — era sem dúvida inspirado pelo fato dos Medici terem voltado a Florença graças à boa sorte e às lanças dos espanhóis. A obra deveria, portanto, ter um significado especial para Giuliano de' Medici. Mesmo assim, o texto atende a muito mais do que apenas um interesse florentino. No curso de suas 30 mil palavras, Maquiavel discorre com conhecimento de causa sobre milhares de anos de História, examinando minuciosamente as ações de governantes como Aníbal, Alexandre, o Grande, e Agátocles, o tirano sanguinário de Siracusa. Ele inclui também acontecimentos recentes da história italiana, César Bórgia sendo o maior protagonista.

O tratado oferece muitos conselhos práticos. Maquiavel ensina como deveria ser organizada uma milícia de cidadãos (cuja vantagem sobre um exército de mercenários ele deixa claro); quando as fortalezas são ou não são úteis; porque o sistema de impostos não deve ser mudado; e como um príncipe devia escolher seus ministros e tratar seus subordinados. Ele não tem vergonha de dar opiniões sinceras sobre os assuntos polêmicos mais variados: se um novo príncipe deseja manter a sua nova possessão, ele recomenda que o governante deposto e toda a sua família sejam executados. O trabalho conclui com um apelo apaixonado para a "ilustre" Casa de' Medici para que se torne a salvadora da Itália — para livrá-la dos "ultrajes bárbaros e cruéis" causados pelos ocupantes estrangeiros.

Apesar de haver muitos precedentes para um tratado sobre os governos de príncipes, Maquiavel havia produzido algo inteiramente novo: embora seu tema "tenha sido muito abordado anteriormente", ele ressalta, os autores que o antecederam escreveram de maneira muito abstrata e sem sentido prático. Ele não está interessado em como seus argumentos funcionarão na página, mas em como eles poderão ser úteis na corte, na praça, ou no campo de batalha. Ele pretende "representar as coisas como elas são de verdade, e não como elas são imaginadas". O resultado de suas colocações é "um original conjunto de regras". E é a natureza de algumas dessas regras que pode muito bem ter alarmado Vettori.

No coração de *O Príncipe* estão as questões filosóficas que Maquiavel debateu nas cartas trocadas com Bartolomeo Vespúcio, em 1503, e com Giovan Battista Soderini, três anos depois. As primeiras cartas foram sua resposta perplexa aos inexplicáveis fortúnios e desfortúnios de César Bórgia e Júlio II. Mas agora que ele próprio estava exilado em Sant'Andrea in Percussina em 1513, a questão de como neutralizar o "desfortúnio" — como subir no mundo quando a Fortuna estava contra você — havia adquirido uma dimensão pessoal inevitável. Maquiavel tentava descobrir para si, tanto quanto para o pretenso beneficiário do livro, Giuliano de' Medici, como enfrentar a Fortuna com decisão e seguir o caminho entregue pelos céus em revolução.

Quando Maquiavel escreve sobre Fortuna, ele não está falando metaforicamente. Cristãos medievais como Dante entendiam-na como uma força divina (e especificamente feminina) criada por Deus na mesma época que os anjos que governam os céus. No Canto VII do *Inferno*, por exemplo, ele descreve a Fortuna como um "ministro e guia geral" que distribui a boa e a má sorte de forma mais ou menos inexplicável e imprevisível. Boccaccio, no *Decamerão*, dedica muita reflexão à natureza errática e impiedosa da Fortuna, e uma das narradoras da obra fala pela maioria dos filósofos medievais quando diz que ela "arranja e desarranja" os interesses humanos de "sua própria maneira inescrutável [...] sem seguir qualquer plano aparente".[3] Esta falta de um plano aparente significava, para os que sustentavam esta visão, que o homem era tanto sem poder para neutralizar a Fortuna quanto ingênuo para confiar nela. A lição para os cristãos medievais era clara: não confie nas coisas deste mundo, mas armazene seu tesouro no céu.

Entretanto, uma visão diferente da Fortuna também existia. Em 1353, Petrarco escrevera um tratado intitulado *De remediis utriusque fortunae* (Remédios contra Boa e Má Sorte) no qual ele argumentava que os homens de fato não estavam indefesos diante da Fortuna, e que podiam se armar contra ela (apesar de tomar o cuidado de alertar os leitores para não confiarem sua felicidade ao sucesso mundano). Essa visão mais otimista das capacidades humanas foi desenvolvida por vários escritores posteriores, incluindo o poeta e acadêmico napolitano Giovanni Pontano. Em torno do ano 1500, Pontano escreveu *De Fortuna* (Sobre a fortuna) defendendo que, embora a Fortuna fosse imprevisível, e mesmo maliciosa, seu poder podia ser vencido através de ações corajosas, flexíveis e prudentes. Pontano afirmava que a prudência, e não a sorte, era o verdadeiro "timoneiro" na vida humana. Esta visão foi tão difundida entre os humanistas que, por volta de 1510, Sir Thomas More pôde publicar o poema *O Livro da Fortuna*, no qual a Senhora Fortuna reclama dos "inimigos mortais" que escreveram "tantos livros/ para meu descrédito".

Este "descrédito" da Fortuna anuncia um novo lugar para o homem na ordem cósmica. Agora, não mais um joguete das forças poderosas e imprevisíveis, mas o ator, capaz de resistir e mesmo alterar a maré dos acontecimentos. Esta crença de que o homem estava livre para construir seu próprio destino — que ele possuía o poder, como escreveu Pico, "para ter o que escolher e para ser o que deseja ser" — vem, em grande parte, dos escritores da antiguidade clássica. A fé dos romanos na capacidade dos homens para controlar a Fortuna foi exemplificada pelo fato de eles terem construído mais templos para a deusa Fortuna do que para qualquer outra divindade, como comentou Plutarco. Os romanos acreditavam que a melhor maneira de um homem cortejar a Fortuna — como uma mulher de carne e osso — era de mostrar virtudes desejáveis como a coragem e a habilidade. Virgílio, no Livro X da *Eneida,* coloca na boca do herói italiano Turnus um vibrante discurso pré--batalha que termina assim: "A Fortuna favorece os corajosos." No tempo de Virgílio, primeiro século a.C., esta máxima já se tornara uma verdade absoluta na literatura latina. O comportamento decidido que poderia virar a cabeça ou derreter o coração da deusa Fortuna ficava embutido no conceito romano de *virtus* (do latim *vir*, "homem de perfeita varonilidade"), um valor cultural englobando dureza, coragem e uma disposição inquebrantável para combater a adversidade. O conceito foi traduzido para o italiano como *virtù*, com Petrarco declarando em *De remediis utriusque fortunae* — um de seus livros mais conhecidos e lidos — que *virtù* era o melhor antídoto contra os caprichos da Fortuna. A palavra italiana não continha o valor moral da palavra "virtude", senão mais a bravura masculina de seu outro cognato, "virilidade".

Lançando mão do conceito humanista de *virtù* em *O Príncipe*, Maquiavel decide que o girar da Roda da Fortuna pode — pelo menos em algum grau — ser dirigido ou controlado. O determinismo melancólico de sua carta de 1506 para Giovan Battista Soderini dá lugar em *O Príncipe* a uma visão ligeiramente mais otimista das ações humanas. Para "não descartar nosso livre-arbítrio", ele chega a uma fórmula pela qual a Fortuna é "o árbitro da metade das coisas que fazemos, deixando mais ou menos a outra metade para ser controlada por nós mesmos". Este coeficiente é explicado por duas metáforas famosas que ele utiliza para descrever o poder da Fortuna e os métodos para detê-la. A primeira delas pode ter sido inspirada pelas cheias constantes do rio Arno, ou talvez por suas experiências decepcionantes com o canal perto de Pisa: "Eu comparo a Fortuna a um daqueles rios violentos", ele escreve, "que, quando estão enraivecidos, alagam as planícies, derrubam árvores e edificações, arrastam a terra de um lugar para outro". Esse avanço destrutivo e aparentemente implacável pode ser neutralizado por tais coisas como — e aqui fala o veterano de projetos de engenharia hidráulica — "a construção de diques e aterragens para que, quando o rio entrar em cheia, as águas sejam mantidas dentro de um canal ou seu ímpeto seja menos agressivo e perigoso". O percurso da vida de uma pessoa pode, como o curso de um rio, ser igualmente mudado por meio de providências ingeniosas e oportunas.

A segunda metáfora de Maquiavel refere-se ao fato de que a Fortuna era sempre vista como uma força feminina. Como qualquer mulher, ela responde melhor a tratamento duro, acredita Maquiavel. Ele sustenta que no trato com a Fortuna é aconselhável agir impetuosamente "porque a Fortuna é uma mulher, e se é para ela ser submissa é preciso bater e coagi-la". Por mais desagradável que seja a imagem, vale a pena lembrar que interpretações genéricas de conceitos filosóficos têm uma longa história, e que Maquiavel fala em outra ocasião de vitória sobre a Fortuna pela amizade e ação harmoniosa. A ideia de bater na Fortuna para que ficasse submissa não tem origem em Maquiavel. Setenta anos antes, no *Somnium de Fortuna* (O Sonho da Fortuna), Aeneas Silvius Piccolomini fez a Fortuna declarar que desprezava aqueles que "fogem de mim", e que favorecia "aqueles que me põem a fugir". A conclusão é que, em qualquer nível, é possível administrar os caprichos da sorte — uma filosofia confortante para o ex-segundo chanceler meditar em seu exílio no Albergaccio.

Para Vettori, pode não ter havido nada de controverso — ou de novo — nisso tudo. Maquiavel estava empregando um conhecido vocabulário humanista para explorar antigos conceitos e questões filosóficas. Seus argumentos, assim como suas conclusões, eram similares aos de Petrarco, Piccolomini e Pontano. Mas uma parte importante de *O Príncipe* oferecia percepções sobre governos que Vettori não deve ter visto em nenhum dos outros autores. Aqui estava seu "conjunto original de regras" — uma invertida interpretação de moralidade política que parece ter levado Vettori a um silêncio prolongado e reservado.

Os "espelhos para príncipes" medievais incluíam, normalmente, capítulos de comportamento ético. Na primeira parte de seu *Governo dos Príncipes*, escrito em torno de 1280, Giles de Roma, um aluno de São Tomás de Aquino, listara as virtudes que um governante devia ter e os vícios que devia evitar. Seu inventário, bastante previsível, incluía, por um lado, o cumprimento de juramentos, a observação das leis, e a demonstração de misericórdia e magnanimidade e, por outro, a fuga a desperdício, a avareza e diversos outros vícios. Maquiavel, entretanto, não acredita que essa moralidade convencional seja totalmente prática no mundo brutal da política italiana. "O abismo entre o que uma pessoa deveria viver e o que essa pessoa vive é tão grande", ele escreve, "que um homem que desconsidera o que é realmente feito em função do que deveria ser feito se encaminha para a autodestruição ao invés da autopreservação." Receitas que tenham a ver com cumprir a palavra e mostrar misericórdia são muito louváveis no papel, mas o homem que transfere esses preceitos morais para a arena política ficará terrivelmente vulnerável. Maquiavel oferece uma nova abordagem para a moralidade política: "O fato é que um homem que quer agir virtuosamente em todas as áreas terá que se decepcionar entre os muitos que não são virtuosos. Portanto, se um príncipe quer manter seu governo, ele deve estar preparado para não ser virtuoso, e fazer uso disso, ou não, de acordo com sua necessidade." Qualidades que o mundo considera virtudes levarão o líder ao fracasso, enquanto aquelas vistas como vício trarão, com frequência, segurança e prosperidade. Uma boa liderança requer do príncipe "saber como fazer o mal".

Maquiavel oferece muitos exemplos para mostrar como a observação de padrões éticos tradicionais pode destruir um líder. A generosidade pode parecer desejável em um príncipe, ele observa, mas a reputação por generosidade só pode ser construída através de gastos ostensivos que acabam por dilapidar os recursos financeiros do estado e levam ao ressentimento e ao ódio. Avareza, por outro lado, embora tida como um vício, pode na verdade levar ao fortalecimento do Estado. Ele dá como exemplo o caso de Luís XII da França, cuja "parcimônia de longa data" o permitiu manter os impostos baixos mesmo mantendo um grande contingente de soldados em armas.

Outro exemplo perturbador da revisão por Maquiavel das virtudes e dos vícios políticos aparece no capítulo 28, intitulado "Como os Príncipes Devem Honrar sua Palavra". Maquiavel admite que embora seja laudável para um príncipe manter seus compromissos e "ser reto e honesto em vez de malicioso em seus negócios", não se pode ignorar o fato de que um bom número de príncipes alcançou grande sucesso fazendo exatamente o oposto. Ele menciona especificamente o papa Alexandre VI, mas também estava destacado em sua mente, sem dúvida, Júlio II, a quem ele tinha visto apagar suas promessas com "o algodão de seu porta-tinteiro". Violar os acordos e saber como fazer o mal, em vez de exercitar as virtudes cardiais, permitira a esses papas atingir seus objetivos políticos. Maquiavel bem sabe que a fama de desonesto pode prejudicar um líder. Em 1505, ele advertiu Gianpaolo Baglioni que por faltar com sua palavra com os florentinos ele seria visto por todos como "um cavalo manco que ninguém montaria por medo de quebrar o pescoço". Para evitar uma fama desagradável de rompedor de acordos, requer-se então um tanto de dissimulação. Segundo Maquiavel, um príncipe não deveria praticar constantemente a honestidade, a compaixão e a generosidade, mas deve *parecer* que as pratica, levando os subordinados e aliados a acreditarem na sua integridade enquanto manipula secretamente as intrigas ardilosas.

A justificativa de Maquiavel por fornecer conselhos tão incomuns aos príncipes é a deficiência moral de seus súditos, e da humanidade em geral. Como estudioso da natureza humana, como testemunha de muita crueldade e covardia, como vítima de intrigantes e caluniadores que fora destituído de suas funções, envolvido erroneamente numa conspiração e então torturado na Stinche, Maquiavel era mais do que um pessimista em relação à natureza humana quando sentou para escrever em 1513. Um príncipe precisa saber como fazer o mal, ele insiste, pela simples razão que as pessoas são más. "Podemos fazer esta generalização sobre os homens", ele escreve numa das passagens mais misantropas de seu livro. "São mentirosos e embusteiros, ingratos e inconstantes, eles fogem do perigo e são gananciosos por lucro." A amizade "não dura e rende nada", enquanto os laços de amor e gratidão são quebrados sempre que for conveniente ou vantajoso. Em um universo sombrio e moralmente tenebroso, que escolha tem um príncipe a não ser agir com igual brutalidade e deslealdade?

Outra justificativa para uma receita tão assustadora é que ela conduz à glória mundana e à preservação do estado. São Tomás de Aquino sustentou em *Sobre a Realeza* que estes fins, ainda que louváveis, estavam sempre subordinados a um objetivo maior que é a recompensa eterna na vida após a morte, pois a alma era mais importante que o Estado. Assim, a resposta cristã para o comportamento abominável defendido por Maquiavel em *O Príncipe* era a condenação eterna que aguardava os agentes do mal: a recompensa de Guido da Montefeltro ao romper os votos tinha sido, segundo Dante, um lugar no Oitavo Círculo do Inferno. Porém, Maquiavel nada tem a dizer sobre castigos depois da morte. A explicação a sangue-frio de "como fa-

161

zer o mal", no contexto desse menosprezo pela doutrina cristã, foi o que levou à criação da reputação monstruosa de Maquiavel. Como o historiador inglês, Lord Macaulay, escreveria em 1827, era impossível ler *O Príncipe* sem "horror e espanto". Ele dizia que "tamanha demonstração de maldade [...] tamanha atrocidade fria, sensata, científica" parecia "mais pertencer a um demônio do que ao mais depravado dos homens".

Francesco Vettori provavelmente não achou a obra tão depravada e atroz como tantos leitores a consideraram depois. Mas ele concluiu, sem dúvida, que as afirmações mais controversas de *O Príncipe* fariam pouco para ajudar seu autor a ser bem-vindo na corte dos Medici. Esta apologia franca do negócio dúbio e o abismo entre a política e a ética só teriam servido para potencializar os inimigos do regime dos Medici, dos quais não havia falta na Florença de 1514. O que seria mais inoportuno do que dedicar um "manual para tiranos" — como o livro logo seria conhecido — para um membro da família que tentava se livrar da fama de usurpador das liberdades florentinas?

Vettori aconselhou seu amigo a esquecer suas aspirações mundanas e — ironicamente, à luz da tese de Maquiavel em *O Príncipe* — se submeter ao capricho impiedoso da Fortuna. Ele mesmo dizia estar lendo *Sobre a Sorte*, de Pontano, e descreveu sua mensagem (erroneamente) como sendo uma em que o autor "mostra claramente que nem o talento, nem a presciência, nem força moral e nem as outras virtudes valem quando a Fortuna está ausente". Vettori claramente discordou das passagens otimistas em *O Príncipe* sobre a ideia de bater na Fortuna até ela se submeter. Ele pensava que seu amigo estava iludindo a si mesmo se acreditasse que podia frear suas rotações. Não havia nada a fazer, ele escreveu a Maquiavel, a não ser aceitar nossa porção, "e você especialmente [...] deve fazer isso".

Este conselho já se tornara supérfluo. No momento em que Vettori escreveu estas palavras, Maquiavel já tinha abandonado não apenas as suas esperanças de um retorno ao poder, mas também os estudos sobre as ações dos homens e suas maneiras de fazer as coisas. "Não tenho mais prazer", ele escreveu a Vettori no verão de 1514, "de ler sobre os feitos dos antigos ou de debater os atos dos modernos". Agora, com os esforços exauridos, Maquiavel parecia também acreditar que nem mesmo o homem de *virtù* poderia prevalecer, se a Fortuna tivesse virado as costas para ele.

XVI

O QUE LEVOU MAQUIAVEL a rejeitar a vida acadêmica não foi simplesmente seu desapontamento com a recepção de *O Príncipe*. A renúncia tinha também uma causa feliz: Maquiavel estava apaixonado. A sorte finalmente havia sorrido, ele informou a Francesco Vettori no verão de 1514, "pois foi morando aqui no campo que eu conheci uma criatura tão graciosa, tão refinada, tão nobre — tanto por natureza como pelas boas maneiras — que minha admiração e meu amor nunca poderão ser do tamanho que ela merece".

A identidade desta pessoa nobre e graciosa não é conhecida ao certo. Tudo indica que não era uma prostituta como La Riccia ou Jeanne, mas uma esposa abandonada, irmã de um morador local chamado Niccolò Tafani. O cunhado de Tafani, Giovanni, fugira para Roma com o dote da esposa, e Tafani recorreu a Maquiavel para ajudá-lo a encontrar o patife. Maquiavel providenciou ajuda apelando para Vettori — e no processo se viu enlaçado em "rede de ouro tecida por Vênus". O caso de amor trouxe para ele uma rara tranquilidade. Muito embora tenha entrado "num grande trabalho", ele sentiu, apesar disso, como contou a Vettori, "uma grande doçura, tanto pelo prazer que aquela face delicada e rara me traz, como porque tenho deixado de lado toda memória de meus sofrimentos". Não sabemos como a ansiosa e inquieta Marietta reagiu a este último namorico de seu marido, se é que ela soube dele. Mas 12 anos de casamento devem tê-la acostumado aos caminhos de um homem viciado em "vaguear e passear sem destino".

Maquiavel pode ter deixado seus sofrimentos de lado, mas não abdicou por completo da discussão política. Em dezembro, ele recebeu uma carta de Vettori pedindo seu conselho sobre a melhor maneira de Leão X manter o poder e o prestígio da Igreja na situação política vigente. O papa deveria se aliar aos franceses na tentativa deles de retomar Milão, ou seus interesses estariam melhor preservados por uma aproximação com o imperador e a Espanha? "Examine todos os ângulos", Vettori o instruiu. "Eu sei que você tem uma inteligência tal que mesmo tendo passado dois anos desde que deixou a oficina, eu não acho que tenha esquecido o ofício." Sem dúvida, ele não tinha. Maquiavel respondeu com uma carta de 3.500 palavras na qual transmitiu ao amigo o benefício de sua sabedoria e experiência acumuladas. "Nos últimos vinte anos, eu não acho que tenha havido um problema mais sério do que este", ele começou, antes de apontar os prós e os contras das várias alianças possíveis, e, no final, argumentou a favor de uma conexão francesa. Dez dias mais tarde, não tendo recebido palavra alguma como resposta de Roma, ele despachou mais 1.200 palavras sobre o tema. "Você despertou o meu espírito", ele confessou a Vettori.

As expectativas de Maquiavel também foram despertas. Ele admitiu a Vettori que se a Fortuna quisesse que os Medici o empregassem, "seja para negócios em Florença ou no exterior", ele finalmente se alegraria. Vettori mostrou ambas as cartas — como Maquiavel certamente esperava que fizesse — tanto para Leão X como para seu primo de 36 anos, Giulio de' Medici, arcebispo de Florença, e sobrinho de Lorenzo, o Magnífico. Os dois homens "ficaram impressionados com a sua perspicácia e admiraram o seu juízo", de acordo com Vettori, embora, "nada mais tenha sido obtido deles, além de palavras". Nenhuma oferta de trabalho estava por vir do Vaticano. A única coisa que chegou de Roma, através de Vettori, foi um novelo de lã azul que Maquiavel havia encomendado para fazer um par de meias para sua amada.

No entanto, a esperança é a última que morre. No princípio de 1515, um pouco mais de luz apareceu graças ao irmão de Vettori, Paolo. Uma vez que Leão X estava decidido a fazer Giuliano de' Medici governante da Romagna, e que Paolo Vettori era um amigo próximo de Giuliano, parecia certo que Paolo seria nomeado governador de uma das cidades do novo principado — e nesse caso, parecia igualmente certo que alguma coisa seria feita, finalmente, para Maquiavel. Paolo e Maquiavel começaram a se encontrar para troca de ideias em Florença, com Maquiavel opinando sobre como o novo principado deveria ser governado. Ele aconselhou Paolo a seguir o modelo de César Bórgia — "cujos atos eu imitaria em toda ocasião" — e se concentrar em unificar a Romagna num Estado único. Paolo ficou impressionado com a orientação, mas as expectativas de Maquiavel foram frustradas quando a proposta de contratar seus serviços foi vetada por ninguém menos que o arcebispo de Florença. Ao saber dos planos de Paolo para empregar Maquiavel, o arcebispo instruiu prontamente o secretário papal para "não se envolver com

Nicolau". Os conselhos de Maquiavel podiam ser respeitados, se não necessariamente bem-vindos; porém, aos olhos dos Medici, ele não era um homem em quem se podia confiar.

"Eu me tornei inútil para mim mesmo, minha família e para meus amigos", Maquiavel escreveu desalentado para seu sobrinho Giovanni, alguns meses depois, "porque meu destino amargo determinou que fosse assim". Todavia, ele digeriu este golpe mais recente da Fortuna e, como um verdadeiro homem de *virtù*, começou a pensar em outros modos de vencer as adversidades. "Eu espero pelo meu tempo", ele disse a Giovanni, "de forma que possa estar pronto para agarrar a boa sorte quando ela vier". Apesar de tantas recusas óbvias e abruptas, ele ainda não tinha perdido a esperança de uma ligação com os Medici; e desta maneira, nos meses seguintes, voltou a se dedicar ao pequeno ensaio sobre príncipes e principados.

Nenhum dos Medici a quem Maquiavel cortejava tão insistentemente — e sem resultado — podia ser comparado a Lorenzo, o Magnífico. Leão X herdou o amor de seu pai por luxo e ostentação ("Vamos aproveitar o papado já que Deus o tem nos dado", ele supostamente comentou após sua eleição), mas nada de sua sensibilidade estética ou talento diplomático. Giuliano, vítima de sífilis, não conseguira fazer algo digno de nota, enquanto o arcebispo, primo deles, embora inteligente e esforçado, era desastrosamente indeciso. A esperança perdida pela volta do esplendor do reinado de Lorenzo ganhou um emblema trágico no final de 1515, quando Leão retornou a Florença para uma visita realizada em meio a celebrações esmeradas.

A festa incluía uma alegoria da "Idade de Ouro", um menino pintado da cabeça aos pés de tinta dourada — que destruiu sua pele e o matou três dias depois.

Talvez o membro mais tacanho da família fosse Lorenzo, filho do falecido Piero, o Desafortunado. Lorenzo di Piero de' Medici nada tinha em comum com seu avô ilustre, exceto o nome. Um retrato de Lorenzo esculpido por Michelangelo mostra o jovem (nascido em 1492) como um modelo da vida contemplativa: vestido como um guerreiro antigo, ele aparece sentado na Nova Sacristia da Igreja de San Lorenzo, perdido numa divagação filosófica, enquanto as figuras alegóricas da alvorada e do crepúsculo deitam aos pés dele, calçados em sandálias. Difícil uma imagem ser um retrato menos confiável. Lorenzo era de fato um imbecil arrogante, inábil, teimoso e licencioso, que nunca experimentara momento algum de reflexão filosófica na vida. Ainda assim, ele é o tolo em quem, por volta de 1515, Maquiavel depositou sua esperança de progresso pessoal — assim como sua esperança para toda a Itália.

Maquiavel havia afirmado ter se impressionado com o jovem Lorenzo de' Medici, já em 1514. "Ele contagiou a cidade inteira com uma grande esperança," escreveu a Vettori, "e, ao que parece, todos estão começando a enxergar nele a figura amada de seu avô". O elogio era dos mais estranhos. Maquiavel era uma das poucas pessoas em Florença que tinha uma opinião favorável sobre Lorenzo que, na realidade, fazia o oposto de contagiar o povo com grande esperança ou de evocar a lembrança de seu amado avô. Em 1514, ele se tornara extremamente impopular por nunca aparecer em público, a não ser com guarda-costas armados, e por usurpar para si os poderes de muitos encarregados civis. Ele também provocou antipatia ao usar uma barba no estilo espanhol e ao fazer questão que os interlocutores tirassem o chapéu antes de lhe dirigir a palavra. Havia tantas reclamações sobre seu comportamento pomposo e autoritário que seu parente, o arcebispo, escreveu-lhe uma carta dura insistindo que se acomodasse às expectativas dos cidadãos.

O apelo entrou por um ouvido e saiu pelo outro. Apesar de sua falta de experiência e êxito no campo de batalha, Lorenzo foi nomeado *Capitano della Guerra* na primavera de 1515, tornando-se o comandante militar da República, recebendo por isso o salário exagerado de 35 mil florins por ano. Embora ele supostamente estivesse a mando da Signoria, muitos em Florença sentiam que ele agora estava prestes a assumir poder absoluto. No mínimo, ele ainda agia de maneira presunçosa e desprezava a consulta aos cidadãos. Além disso, não fazia segredo algum de que enxergava Florença como um lugar atrasado e desprezível em comparação com Roma e a corte de Leão X. Ele cobiçava abertamente para si o Ducado de Milão (uma impossibilidade) e depois (com mais realismo) o Ducado de Urbino. Pelo início de 1516, ele conseguira ficar malquisto não apenas pelo cidadão comum, mas também pelos *ottimati*, cuja maioria havia sido partidária dos Medici; e em abril daquele ano ele se tornara tão repugnante que um rumor promissor se espalhava: o novo rei da França, Francisco I, preparava-se para invadir Florença e restituir Piero Soderini e o Grande Conselho do Povo.

Pois foi neste momento estranho e inoportuno que Maquiavel resolveu dedicar *O Príncipe* não a Giuliano de' Medici — que morreu de sífilis em março de 1516 —, mas ao odiado e incompetente Lorenzo. Em algum momento da primeira metade de 1516, ele escreveu uma carta dedicatória ao "Magnífico Lorenzo de' Medici" explicando que ele esperava que o jovem lesse e considerasse o tratado "com zelo" para que "alcançasse a eminência que a Fortuna e suas muitas qualidades lhe prometem". Pedir pela atenção zelosa de Lorenzo de' Medici era um triste exercício em autodecepção. Embora já acostumado com as recusas dos Medici, Maquiavel se surpreendeu pela delinquência insolente que construíra a reputação grotesca de Lorenzo. Ele entregou seu tratado a Lorenzo na mesma ocasião em que alguém presenteou Sua Magnificência com um par de cães de caça, pelos quais Lorenzo expressou muito mais entusiasmo e gratidão. Maquiavel partiu, segundo a lenda, "profundamente indignado, dizendo aos seus amigos que ele não era o homem para conspirar contra príncipes, mas, caso eles persistissem em seus comportamentos, seguramente as conspirações aconteceriam". Estas palavras se mostraram proféticas.

Embora ainda passando boa parte do ano na fazenda em Sant'Andrea in Percussina, no verão de 1517 Maquiavel teve novos motivos para visitar Florença regularmente. Para seu contentamento, ele se tornara membro de um círculo íntimo mais elevado que o de jogadores de baralho da taberna ao lado do Albergaccio.

Nos últimos 25 anos, os jardins do Palazzo Rucellai, junto a Porta al Prato, vinham sendo o lugar onde aconteciam os melhores debates intelectuais e políticos de Florença. No século anterior, os Rucellai haviam sido uma das famílias mais ricas de Florença. Seu nome e seu dinheiro derivavam de um líquen chamado *orcella* ou *roccella* que cresceu na Grécia e nas Ilhas Canárias, e que um de seus antepassados, um mercador de roupas, transformara numa tinta de cor púrpura-vermelho chamado *oricello*. Bernardo Rucellai, que dera início aos encontros, havia utilizado sua parte da fortuna da família para colecionar antiguidades, para enfeitar a fachada da Igreja de Santa Maria Novella, e para conquistar a mão de Nannina, irmã de Lorenzo, o Magnífico. Após a morte de Lorenzo em 1492, os jardins de seu palácio abrigavam a Academia Platônica, o grupo de filósofos, poetas e humanistas que se encontravam originalmente na Villa di Careggi, nas cercanias de Florença. Após 1502, esses jardins, conhecidos como Orti Oricellari, tornaram-se o local de encontro da facção antissoderini. Bernardo Rucellai e seus amigos *ottimati* haviam sido mediceanos fiéis, com Bernardo ajudando a financiar o repatriamento dos Medici em 1512, ao emprestar a Giuliano o dinheiro para pagar Ramón de Cardona.

Por mais de uma década, então, o Orti Oricellari teria estado fora de cogitação — e, sem dúvida, sido um lugar repugnante — para o *mannerino* de Piero Soderini. Mas depois da morte de Bernardo em 1514, e depois que Lorenzo de' Medici sabotou sua popularidade com o comportamento despótico, o humor político dos frequentadores do Orti Oricellari mudou. Quando Maquiavel se tornou um visitante assíduo em 1517, o Orti Oricellari era um foco de dissidentes antimedici — ainda que deva ser ressaltado que vários frequentadores, como Filippo de' Nerli, um membro da Signoria em 1517, permaneciam mediceanos leais. Porém, o surgimento de Maquiavel entre as estátuas antigas e os jardins bem-cuidados do Palazzo Rucellai sinalizava não apenas seu desejo por parceria intelectual, mas também seu desencanto com o regime dos Medici.

Maquiavel encontrou certamente companheirismo intelectual entre os jovens do Orti Oricellari. Ele chamava esses camaradas de seus "amigos do meio-dia" — em oposição, talvez, aos seus "amigos da meia-noite", os jogadores e prostitutas com quem convivia. O Orti Oricellari oferecia o estímulo filosófico e o convívio social de bom nível que lhe faltavam desde sua demissão havia cinco anos. O anfitrião era Cosimo Rucellai, sobrinho de Bernardo, um jovem tão aleijado pela gota e assolado pela sífilis que era carregado para os jardins para dirigir os debates — o que ele parece ter feito com espírito e graça — de uma cama em forma de berço. Entre os membros estavam também um estudioso da Bíblia de 23 anos chamado Antonio Brucioli (cujas traduções do Antigo e do Novo Testamento atrairiam mais tarde a atenção da Inquisição) e um dramaturgo de 41 anos, ex-seguidor de Savonarola (e futuro historiador de Florença), chamado Jacopo Nardi. Os membros de quem Maquiavel mais se aproximou, além de Cosimo, parecem ter sido Luigi Alamanni, um conhecido poeta, e Zanobi Buondelmonti, jovem de uma antiga família florentina. Eles se reuniam principalmente para discutir filosofia, história, literatura e arte de governar. Entretanto, uma vez que Nardi, assim como Maquiavel, era compositor de músicas de carnaval, muitas horas foram dedicadas ao dedilhar de rabecas e a expressar a animação através do canto.

Enquanto os Medici desprezavam as reflexões e os conselhos políticos de Maquiavel, os membros do Orti Oricellari estavam ávidos para ouvi-lo. Pouco depois de se integrar ao grupo, ele começou a ler trechos de um trabalho que tinha escrito nos últimos quatro ou cinco anos, um comentário sobre um livro que ele conhecia e admirava bastante, a *História de Roma*, de Livy — a mesma obra que seu pai, Bernardo, havia adquirido em 1475 por compilar um catálogo de nomes de lugares para um impressor. A obra-prima de Livy, iniciada em torno de 29 a.C., alongava-se por 142 volumes (dos quais apenas 35 ainda existem) e cobria a história completa da Roma antiga, de sua fundação até a queda de Troia. Porém, não é meramente um relato linear dos acontecimentos. Sua premissa inicial é que, como Livy escreve no prólogo, "nenhum país foi jamais tão grandioso ou mais puro do que o nosso, ou mais rico em bons cidadãos e atos nobres". Livy também defende no prólogo que o estudo da História "é o melhor remédio para uma mente enferma" porque pode prover "tanto exemplos como alertas: coisas boas para servir de modelo, assim como coisas ruins para se evitar".

Maquiavel concordava com Livy nas duas colocações. Ele se voltou para a narrativa de Livy sobre a história brilhante de Roma por causa dos ensinamentos políticos que podiam ser extraídos dela e aplicados à realidade política angustiante da Florença de seus dias. Se os motivos que estavam por trás do sucesso da República Romana pudessem ser corretamente entendidos, então aqueles triunfos antigos poderiam ser repetidos. Se *O Príncipe* era sobre como conquistar, governar e preservar um principado, seu novo trabalho — intitulado *Discursos sobre as Primeiras Dez Décadas de Livy* — focava em como estabelecer e manter uma república saudável. Maquiavel estava ainda pesquisando os mecanismos de poder, mas desta vez pela perspectiva de um governo popular, em vez de um principado. Aparentemente, cinco anos de oligarquia mediceana em Florença haviam sido suficientes para despertar nele, e nos seus amigos do Orti Oricellari, a nostalgia por uma forma republicana mais pura de governo.

A preocupação dominante de Maquiavel nos *Discursos* é a liberdade política. Uma vez que ele defende que as cidades florescem econômica e militarmente apenas se desfrutarem de um governo popular, surge a questão, obviamente, de como essa liberdade pode ser alcançada e mantida. Livy, por sua vez, acreditava que os bons ofícios da Fortuna estavam quase sempre implicados, mas Maquiavel sustenta que a liberdade depende da *virtù* da população. O exemplo da República Romana revela que o interesse pessoal dos indivíduos deve ser posto de lado em favor de um comprometimento patriótico pelo bem comum. Mas de que maneira *virtù* e patriotismo podem ser estimulados na população de uma cidade, se a maioria das pessoas, como ele descreve num eco sombrio de *O Príncipe*, "é inclinada mais para o mal do que para o bem?"[1]

Para responder a esta pergunta incômoda, Maquiavel se volta para um estudo minucioso da História e das instituições da República Romana. Ele observa o papel desempenhado por boas lideranças, leis repressoras, uma religião inspiradora (ele admira particularmente os votos solenes e os sacrifícios sangrentos dos romanos), e por um governo misto que incluía nobres e plebeus. Por toda sua longa discussão, o louvor da Roma antiga é pontuado por um lamento pelas glórias perdidas e um horror pela situação vigente — corrupção, servidão, incompetência militar — na Itália contemporânea. Florença se torna o alvo principal das críticas. Na visão de Maquiavel, a cidade foi condenada desde o princípio. Logo no primeiro capítulo do Volume I, ele assinala amargamente que cidades fundadas por outros (e Florença foi estabelecida pelos romanos imperiais, ele nota) "raramente fazem grande progresso" e, portanto, nunca podem ser "classificadas entre os reinos importantes". Em outra parte dos *Discursos*, ele argumenta que as cidades que começavam a vida nesse estado de servidão a outro poder irão ver que é "não apenas difícil, mas impossível" atingir e preservar a liberdade. A grandeza e a liberdade de Florença tinham sido asfixiadas no berço.

A preocupação nos *Discursos* com o governo popular ao invés do principesco — com o governo dos muitos ao invés do governo de poucos — deve ter surpreendido aqueles no Orti Oricellari que conheciam Maquiavel como autor de *O Príncipe*. Ainda assim, há muito no tratado que soaria familiar aos leitores de sua obra anterior. Maquiavel defende a utilização da trapaça em guerra, destacando que por mais detestável que a desonestidade possa parecer, "não obstante na guerra ela é louvável e traz fama". Outra lição familiar aparece quando ele escreve sobre as precauções extremas que devem ser tomadas para preservar uma república de seus inimigos: "Quando a questão é absolutamente a da segurança de um país, não se deve considerar o que é justo ou injusto, misericordioso ou cruel, louvável ou indigno." A única consideração relevante é se a medida salvará o Estado e manterá sua liberdade. Sua visão neste assunto era inspirada pelo que havia padecido em Florença sob o governo de Piero Soderini em 1512, uma vez que ele desaprova a maneira como Soderini dependia de sua "paciência e bondade" e respeito às leis, em vez de adotar medidas extraordinárias — mesmo violentas e opressivas

— para salvar a si mesmo, e para proteger Florença dos Medici.

Os ouvintes de Maquiavel no Orti Oricellari não podiam deixar de ficar impressionados com os *Discursos*. É inegavelmente uma obra brilhante, que anda com suave autoconfiança de escrutínio microscópico para observação panorâmica. Erudita, provocante, ambiciosa, e escrita na prosa bem afiada de Maquiavel, ela pretende ser nada menos do que uma explicação das leis gerais da arte de governar. A obra persegue esta meta, entre outros caminhos, ao anunciar hipóteses que ele então submete a testes — oferecendo, desse modo, um exemplo precoce do estilo de raciocínio indutivo que em breve iria inspirar o método científico. Ainda mais do que em *O Príncipe*, a obra dá testemunho de como Maquiavel, em seus 15 anos de serviço público, fez um estudo perceptivo e constante da arte do Estado.

Porém, apesar das observações sagazes e dos argumentos astutos, há uma estranha contradição no cerne do projeto. Maquiavel afirma no prólogo do Livro I que ele deseja que seus leitores o acompanhem num estudo diligente do passado, para imitarem os melhores exemplos dos antigos. A imitação é possível, ele nos assegura, porque a natureza humana, como o movimento do Sol ou a composição dos elementos, é a mesma através dos séculos; sendo, portanto, teoricamente possível para os italianos do século XVI se comportarem da exata maneira — com o mesmo patriotismo e *virtù* — que os antigos. Entretanto, imitação pressupõe escolha consciente, e Maquiavel duvida profundamente se os homens têm alguma liberdade para escolher a maneira de agir.

176

O trecho crucial aparece no capítulo 9 do Livro III, intitulado "Como Alguém Deve Mudar com os Tempos se Quiser Sempre Ter Boa Sorte". O tema de se adaptar aos tempos é conhecido de *O Príncipe*, onde o sucesso vem para a pessoa "que adapta sua política aos tempos". Mas aqui nos *Discursos* fica mais evidente o argumento de Maquiavel para Giovan Battista Soderini sobre as ações dos homens e suas maneiras de fazer as coisas. "Eu considerei muitas vezes", ele escreve, "que as causas da boa e da má sorte dos homens dependem do seu procedimento diante dos tempos". Alguns homens, ele acredita, procedem com "ímpeto", outros, com "reflexão e cautela". Ambos os métodos podem levar ao sucesso dependendo daquela variável de suma importância — a circunstância histórica específica. O truque é saber quando proceder impulsivamente e quando empregar reflexão e cautela.

Como já manifestara na carta de 1506 a Giovan Battista, porém, Maquiavel é profundamente pessimista sobre a possibilidade de qualquer pessoa ser realmente capaz, alguma vez, de fazer essa escolha. Ele apresenta dois casos recentes, o de Piero Soderini e o de Júlio II. O primeiro, ele assinala, procedia com "gentileza e paciência" em todos os seus negócios (uma afirmação que pode ter levantado as sobrancelhas dos pisanos, que passaram fome durante o embargo à cidade feito por Soderini em 1509). Ele prosperou enquanto os tempos eram favoráveis para esta política, "mas quando vieram os tempos em que era preciso deixar de ser paciente e humilde, ele não conseguia fazê-lo. Então, ele caiu junto com a sua cidade". Júlio II, por outro lado, agia sempre com "pressa e veemência", obtendo sucesso nos empreendimentos porque os tempos combinavam com esse tipo de comportamento. Mas se os tempos tivessem exigido paciência e humildade, "necessariamente ele teria caído, porque não teria sido capaz de mudar seu método ou regra de ação".

A razão pela qual nem Soderini nem Júlio puderam mudar sua maneira ou conduta era dupla. Em primeiro lugar, quem alcançou grande êxito por agir impetuosamente encontrará dificuldade de aceitar o conselho dos que o alertam para agir de modo diferente. Mas há ainda um impedimento maior: o fato de que "não podemos resistir ao que a natureza nos predispõe". Esta lei significa necessariamente que Júlio sempre se comportará com impetuosidade e ira, enquanto Soderini invariavelmente irá agir com paciência e humildade. É simplesmente impossível para ambos fazer diferente — para Soderini agir como Júlio, e vice-versa. Como Maquiavel expusera o problema para Giovan Battista Soderini em 1506: "Os homens são incapazes de dominar suas próprias naturezas." Longe de serem capazes de aprender com a História e se adaptarem sabiamente ao humor dos tempos, os homens são impotentes para mudar suas maneiras de agir.

Este argumento pessimista sobre a natureza humana é algo estranho para Maquiavel fazer, pois parece demolir a relevância de tratados como *O Príncipe* e os *Discursos*. Estas obras pretendem oferecer receitas políticas para líderes, para mostrar-lhes como obter sucesso pela transformação de seus caminhos e ideias. Porém, Maquiavel defende que ninguém é capaz de fazer esta mudança vital: todo homem é reagente passivo à sua própria natureza. Mas se um príncipe não puder transformar sua natureza, e, portanto, sua maneira de agir — se ele não tem escolha nas decisões políticas —, então, qual é o propósito de gastar tanta tinta para distribuir sabedoria e conselho? Os escritos de Maquiavel pressupõem, por um lado, que os homens têm liberdade de ação e que o estudo da História os ensinará a melhor política; mas, por outro lado, lhes nega essa liberdade, fazendo deles joguetes indefesos de suas próprias naturezas, destinados inevitavelmente ao fracasso uma vez que estão fora de sintonia com os tempos.

Os *Discursos* de Maquiavel expressam também grande dúvida sobre a capacidade do homem de se opor à Fortuna. Em *O Príncipe*, ele escrevera que era possível se opor à Fortuna pelo exercício de *virtù*. Porém, quando escreve os *Discursos,* a Fortuna já não aceita oposição. O capítulo 29 do Livro II é assustadoramente (e prolixamente) intitulado "A Fortuna Cega o Intelecto dos Homens Quando não Quer que Eles se Oponham aos Seus Planos". Aqui ele anuncia que "os homens são capazes de ajudar a sorte, mas não podem contrariá-la. Eles podem tecer seus desenhos, mas não destruí-los". Esta não é propriamente uma intimação para o desespero, uma vez que ele escreve que os homens podem sempre esperar que a Fortuna, que "anda por estradas tortuosas e desconhecidas", venha a favorecê-los algum dia. O homem de *virtù* em *O Príncipe*, levantando defesas contra a Fortuna e golpeando-a com os punhos, torna-se no texto dos *Discursos* alguém cujo único recurso é a esperança. Nestas linhas um tanto desanimadoras, nós vislumbramos o homem rejeitado no Albergaccio, esperando ansiosamente o chamado que nunca vem.

XVII

Maquiavel escreveu uma longa carta no final de 1517 para um amigo do Orti Oricellari, Luigi Alamanni, de 23 anos, que viajara recentemente para Roma. Ele contou para Alamanni que estava lendo o poema épico de Ariosto, *Orlando Furioso*, cujos primeiros 40 cantos tinham sido publicados na primavera de 1516. Maquiavel provavelmente conhecera Ariosto, o poeta da corte de Ferrara, alguns anos antes, em Roma, ou, mais provavelmente, em Florença, uma vez que Ariosto estivera em Florença para uma temporada de seis meses em março de 1513. Durante aquele período, o poeta ficou numa velha hospedaria dos Cavaleiros de Malta no extremo sul da Ponte Vecchio, a apenas alguns metros da casa de Maquiavel.

A obra de Ariosto encantou Maquiavel. "O poema inteiro é realmente admirável, e muitos trechos chegam a ser maravilhosos", ele informou a Alamanni, pedindo para que transmitisse seus cumprimentos ao autor. Ele fez, entretanto, uma pequena reclamação. O longo poema de Ariosto exaltava alguns pintores contemporâneos — incluindo Michelangelo ("mais divino que humano"), Leonardo da Vinci, Rafael e Ticiano — assim como poetas e escritores como Pietro Bembo, Baldassare Castiglione, e até mesmo o próprio Luigi Alamanni,[1] mas em lugar algum, no entanto, havia menção ao nome de Maquiavel. Maquiavel estava chateado — ou fingiu estar chateado — com esta omissão ostensiva. "Na sua menção a tantos poetas", ele escreveu a Alamanni, "como um idiota, ele me deixou de fora".

Ariosto pode bem ter ficado surpreso de Maquiavel se considerar um poeta. Ele também não deve ter se convencido em função da reclamação, uma vez que as edições revistas e ampliadas do poema de 300 mil palavras (novas edições surgiriam em 1521 e 1532) também não deram espaço na sua lista dos eminentes poetas da Itália para o nome de Maquiavel. Contudo, em 1517, na mesma proporção em que suas esperanças de ressurgir na política sob o guarda-chuva dos Medici definhavam, Maquiavel nutria ambições literárias, escrevendo não só poesia, mas uma novela e várias peças de teatro. Era uma produção literária fértil, pois muito provavelmente ele estava finalizando os *Discursos*.

As primeiras visitas de Maquiavel ao Orti Oricellari coincidiram com a sua conclusão de um poema cômico chamado *O Asno* (muitas vezes chamado erroneamente de *O Asno de Ouro*) que ele escreveu ambiciosamente em *terza rima*, a forma de verso da *Divina Comédia* de Dante. A obra satírica foi inspirada, em parte, pelo *Asno de Ouro* de Lucius Apuleius, um popularesco romance em latim sobre um jovem cujo interesse obsessivo por magia acaba lhe transformando num burro, e também por mitos sobre Circe, a feiticeira que transformava homens em animais. Maquiavel deve ter lido trechos de *O Asno* para seus amigos no Orti Oricellari. Se o leu, o poema deve ter soado familiar para aqueles que também ouviram seus *Discursos*.

O Asno começa com Maquiavel transformando a pena que sentia de si mesmo, pela situação infeliz que vivia, em um personagem cômico. Nas linhas de abertura o narrador do poema se compara ao asno sobre o qual ele canta, salientando que está acostumado à calúnia e à ingratidão, e que já não espera "pagamento algum ou recompensa" por seus esforços. Ele apresenta, então, uma parábola curiosa e reveladora, a história de um jovem florentino que sofria de uma doença peculiar: isto é, em todo lugar ele corria pelas ruas, e a qualquer hora, sem prestar atenção. O pai do garoto, preocupado, consultou vários sábios que sugeriram muitos remédios, todos sem resultado. Finalmente, um charlatão começou a tratar o jovem, fazendo sangramentos e segurando vários perfumes sob o nariz. O charlatão recomendou também um regime severo pelo qual não se deixava o rapaz sair desacompanhado ou sem coação física. O tratamento parecia estar surtindo efeito, até que um dia ele saiu à rua com seus dois irmãos. Quando atingiu a Via de' Martelli, da qual pode vislumbrar o trecho amplo e sedutor da Via Larga, "seu cabelo começou a arrepiar. Nem este jovem pôde se conter, quando viu essa rua tão ampla e reta, de voltar novamente para o seu antigo prazer".

Na medida em que o rapaz corre imprudente pela Via Larga, a moral da história fica clara para os leitores de Maquiavel: "A mente do homem, sempre direcionada àquilo que lhe é natural, não oferece proteção nenhuma contra o hábito ou a natureza." É a mesma lição sobre determinismo que tinha sido apresentada, anos antes, a Giovan Battista Soderini, e depois enfatizada nos *Discursos*.

Maquiavel acabou deixando o poema incompleto, e no seu estado bruto mal seria candidato a um elogio de Ariosto. Mas o poema é notável por suas observações sombrias e de lástima sobre a condição humana. Filósofos e teólogos geralmente haviam insistido numa firme distinção entre homens e animais. Dante se juntou a uma tradição antiga quando afirmou no Livro III de *Il Convivio* que a alma racional era exclusiva dos seres humanos. A maioria dos escritores aceitava que o raciocínio superior fazia o homem sublimar seus instintos animais e se tornar participante do divino. De acordo com Dante, "o Homem é, portanto, chamado pelos filósofos de Animal Divino". Mas para Maquiavel não há nada de divino no animal humano, uma criatura que (como um porco informa ao narrador do poema) é mais vulnerável e digna de pena — e mais o brinquedo da Fortuna — do que qualquer bicho. A transformação bestial em *O Asno* é uma metáfora para o argumento, conhecido nos *Discursos*, de que o homem nunca pode escapar de sua natureza.

Possivelmente em torno deste momento (a data precisa não é conhecida), Maquiavel escreveu também outra obra, uma novela de 3 mil palavras, *A Fábula de Belfagor*. Nesta outra sátira de transformação, ele descreve como um demônio chamado Belfagor era mandado à Terra por Plutão para descobrir se as esposas eram mesmo a causa de todo infortúnio terrestre, como os homens do Submundo diziam. A história é talvez menos interessante por suas qualidades literárias do que pelo que sugere das relações de Maquiavel com Marietta, e a opinião dele sobre o casamento em geral. Liberado do Submundo, Belfagor vai à Florença, se casa com uma jovem nobre chamada Onesta, e logo fica endividado e falido pelas extravagâncias dela. Ele foge dos credores e se encontra com Gianmatteo, um camponês que o esconde numa montanha de esterco. Após uma série de aventuras e escaramuças, Belfagor volta para o Submundo quando ele mesmo é enganado, sendo levado a pensar que Onesta vai trazê-lo de volta. Ele prefere os tormentos do Inferno aos "aborrecimentos, ansiedades e perigos" do "jugo do casamento".

Uma visão mais otimista do casamento e dos relacionamentos humanos se encontra na peça de cinco atos chamada *A Mulher de Andros*, que Maquiavel escreveu entre o final de 1517 e o princípio de 1518. Não exatamente uma composição original, a comédia é uma tradução, reelaborada e atualizada, de uma peça do mesmo nome escrita pelo dramaturgo romano Terêncio. A obra segue uma fórmula cômica bem antiga: um jovem apaixonado (Panfílio) deseja casar com uma moça, a despeito da oposição do pai dele, e consegue, graças a uma inesperada reviravolta que revela a identidade verdadeira de sua amada. Devido a sua fonte romana, esta comédia contém vários temas que se opõem de maneira surpreendente aos conselhos apresentados em *O Príncipe*. A peça enfatiza, por exemplo, a importância de se cumprir os votos: o pretendente, Panfílio, triunfa ao cumprir suas promessas tanto com a amada quanto com seu pai. Mais interessante ainda é que a peça demonstra a inutilidade das intrigas e dos estratagemas desleais, quando as maquinações de um escravo chamado Davo — descrito como um *ribaldo* — acabam dando em nada. A trapaça é malsucedida, enquanto a honestidade traz recompensa e felicidade. As fraquezas das armações de Davo são bem interessantes no contexto da tradição cômica, uma vez que ele é um personagem tradicional conhecido como o *dolosus servus*, o escravo ladino, um agente que tipicamente cria as armações que acabam levando ao sucesso e à felicidade do herói.

Esquemas e estratagemas trazem melhores dividendos em outra comédia de Maquiavel, de 1518. Ao contrário de *A Mulher de Andros*, esta peça de cinco atos, *A Mandrágora*, era uma criação completamente original na qual Maquiavel deu livre curso ao afiado senso de humor e à imaginação lasciva. Começa com a mesma convenção herdada da comédia romana: um rapaz (Calímaco) deseja uma jovem (Lucrécia), mas se vê diante de um impedimento — embora desta vez o obstáculo para os amantes não seja um pai desfavorável, mas o marido da moça, um advogado pateta, além da própria virtude dela. O fato de que a felicidade de Calímaco só pode ser conseguida através de um ato de adultério sugere um universo moral mais sombrio do que em *A Mulher de Andros*. Entretanto, Maquiavel explica no prólogo que se este material parecer sem valor ou impróprio, então a plateia deve considerar a situação infeliz do autor. O retiro forçado em Sant'Andrea in Percussina é lamentado mais uma vez quando Maquiavel descreve a si próprio com um homem que tem sido

[...] reduzido à indolência
Sem outro caminho a tomar,
Condenado a uma estadia forçada,
Toda ocupação valiosa proibida
Ou, pelo menos, de recompensa negada.[2]

A peça inclui ainda uma diatribe ácida contra a corrupção e as injustiças de Florença, uma cidade onde, como um personagem observa, "não há nada além de um monte de *bundões*", e onde "qualquer um que não tem contatos [...] tem sorte se conseguir saber a hora". Embora estas palavras sejam postas na boca de Nicia, o velho marido tolo, há pouquíssima dúvida de que elas refletem o próprio desencanto de Maquiavel depois que seus incansáveis esforços se pagaram com ingratidão e desprezo.

A Mandrágora tem como trama uma farsa bem planejada. Calímaco é convencido pelo amigo Ligúrio, um antigo casamenteiro, de que ele pode enganar Nicia para que deixe Calímaco levar Lucrécia para a cama. Pelo estratagema, Calímaco se passa por médico e oferece a Nicia, que deseja um herdeiro a todo custo, uma poção infalível para fazer sua mulher engravidar. A poção é feita com a raiz da mandrágora, uma planta mais associada à doença e à morte (no latim, *mandragora* significa "danosa para o gado") do que à fertilidade. Havia muitas lendas sobre esta planta, uma das quais que ela crescia debaixo do patíbulo onde os criminosos eram enforcados. Segundo outra lenda, qualquer um que ousasse desencavá-la morreria logo depois, e, assim, para extrair a raiz da mandrágora era necessário amarrar um cachorro à planta, para que o animal arrancasse a raiz e logo morresse.

Maquiavel estava familiarizado com estas lendas, já que a poção de mandrágora oferecida a Nicia tem um grave inconveniente: a pessoa que deitar com Lucrécia após ela ingerir a poção morrerá dentro de uma semana. Há, no entanto, um antídoto. Calímaco diz a Nicia que — assim como o cão sacrificado para colher a mandrágora — uma outra pessoa pode ser usada para extrair o veneno. O expediente permitirá que Calímaco se deite com Lucrécia, mas, primeiro Nicia e, então, Lucrécia (um problema maior a ser contornado) devem estar convencidas a sacrificar uma vítima supostamente ignorante (Calímaco) para poder conceber uma criança. Nicia se deixa persuadir facilmente, mas para conseguir a concordância de Lucrécia são convocados sua mãe e um padre corrupto, frei Timóteo. Lucrécia acaba se submetendo, toma a poção e vai para a cama com Calímaco. Ao saber os detalhes da trama através da confissão do amante, após o ato, ela conclui que "a divina providência assim quis" e — aqui vem o final feliz — concorda em continuar a transar com Calímaco até que o velho Nicia morra finalmente e os dois amantes possam se casar.

A peça é um primor de comédia ligeira. Nicia é uma criação particularmente bem-sucedida do autor, um velho advogado pomposo, cuja credulidade faz dele um chifrudo voluntário. Há muitas cenas cômicas, como a apresentação em cena de uma amostra de urina e o relato de Nicia sobre como ele fez questão de examinar de perto a genitália de Calímaco à procura de sinais de sífilis, antes de deixá-lo com sua esposa. A peça é bem-sucedida também por sua picante linguagem vernacular. O vocabulário de rua de Maquiavel fornece uma corrente de exclamações como *caccasangue* (literalmente, "cocô ensanguentado") e *caccastecche* ("gravetos de merda").

A peça é notável, acima de tudo, por sua sátira aos religiosos, e por ser um retrato de como os fins podem ser conseguidos pelos meios mais inescrupulosos. "Nós devemos sempre considerar se os fins justificam os meios", frei Timóteo diz à sua paroquiana Lucrécia quando tenta persuadi-la a quebrar os votos matrimoniais e levar alguém à morte. Como Maquiavel em *O Príncipe*, o frei complica a relação entre virtude e vício, argumentando que os padrões éticos convencionais nem sempre valem. É importante notar que por ser o argumento do padre conduzido com bastante sofisma — e por ele ser motivado apenas pela perspectiva de ganho financeiro —, Maquiavel apresenta uma paródia não apenas da corrupção do clero, mas também, muito possivelmente, das teses sustentadas em *O Príncipe*. Ou, no mínimo, ele está sugerindo que as fraudes aceitáveis no ambiente político não são exatamente condenáveis no quarto.

A Mandrágora foi concluída em 1518, ou, no máximo, em 1519. As expectativas de Maquiavel em relação à peça deviam ser relativamente modestas. Naquela época não havia teatros públicos em Florença (ou em qualquer lugar da Itália). Comédias com roteiro completo ainda eram eventos culturais marginais, em comparação às tradicionais peças populares encenadas nas praças durante o carnaval. O teatro italiano consistia principalmente naquilo que era chamado de *commedia erudita* — comédias "eruditas" ou para "estudiosos", baseadas nas obras dos dramaturgos romanos Plautus e Terêncio, e encenadas em latim nas universidades e escolas. Recentemente, no entanto, um punhado de escritores tinha começado a adaptar essas obras originais — como Maquiavel fizera com *A Mulher de Andros* — para o vernáculo italiano, com situações contemporâneas e personagens modernos. A corte de Ferrara proporcionou a montagem de *La Cassaria*, de Ariosto, baseada num texto plautino, em 1508, e logo uma segunda peça, *Os Pretendentes*, em 1509. Alguns anos depois, em 1513, *La Calandra*, de Bernardo Dovizi da Bibbiena, igualmente adaptada de uma peça de Plautus, foi ao palco na corte de Urbino durante as festividades de carnaval. Mas essas peças, mesmo sendo divertidas e intelectualmente acessíveis, eram representadas por atores amadores (inclusive crianças) para pequenas plateias aristocráticas, geralmente na corte — e até mesmo no Vaticano, em seguida à eleição de Leão X. Elas eram frequentemente encenadas apenas como parte de um espetáculo maior: *Os Pretendentes*, por exemplo, apareceu num programa que incluía atrações musicais e uma apresentação de mímica e dança chamada *moresca*. Um público ainda mais seleto assistira a uma peça do amigo de Maquiavel, Jacopo Nardi, em 1512: *A Comédia da Amizade*, uma dramatização de uma história do *Decamerão* de Boccaccio, foi encenada para membros da Signoria.

Fama e Fortuna, em resumo, não apareciam para chamar um autor de comédias, embora Maquiavel possa ter reparado que peças bem elaboradas, como as de seu amigo Ariosto, eram um caminho para ganhar a aprovação de um benfeitor poderoso. Em todo caso, *A Mandrágora* começou a ser ensaiada com atores do Orti Oricellari nas primeiras semanas de 1520. Sua estreia aconteceu durante o carnaval em fevereiro daquele ano. Pouco se sabe sobre a produção, embora a peça provavelmente tenha sido encenada para um público pequeno, ao ar livre, no Orti Oricellari, com atores amadores, interlúdios musicais e um cenário com traços da vista panorâmica de Ferrara (pintado, de acordo com a lenda, por Rafael) que já havia sido usado em *Os Pretendentes*. Na ocasião, uma das falas de Calímaco na cena de abertura da peça — "Nada é tão desesperador que não haja motivo para a esperança" — parecia muito apropriada. Pois, no alvorecer de uma nova década, Maquiavel parecia, subitamente, encontrar motivos para uma mudança de sorte.

* * *

A sorte de Maquiavel começou a melhorar somente depois da morte do homem a quem ele havia dedicado *O Príncipe*. Lorenzo di Piero de' Medici morreu de sífilis em maio de 1519, com a idade de 26 anos. Os negócios da cidade passaram a ser dirigidos, a partir dali, por Giulio de' Medici, o arcebispo de Florença. Muito embora, anteriormente, ele houvesse alertado seus subordinados "para não ter nada a ver com Nicolau", no início de 1520 o arcebispo já reconsiderara sua posição. Graças à intervenção de Lorenzo Strozzi, um membro do Orti Oricellari, ele se encontrou com Maquiavel em março de 1520, um mês depois da primeira encenação de *A Mandrágora*.

O arcebispo estava recolhendo opiniões sobre como o governo de Florença deveria ser conduzido, e foi provavelmente neste encontro que ele encomendou a Maquiavel um estudo que se tornou o *Discurso sobre os Negócios Florentinos após a Morte de Lorenzo*. Esse tratado, elaborado em algum momento de 1520, incluía um plano de governo que protegeria a república, mas também conservaria o domínio dos Medici. A proposta de Maquiavel recomendava algumas providências como trazer de volta tanto o Grande Conselho do Povo quanto o *gonfaloniere* vitalício. A chance do arcebispo concordar com esses termos era pequena — mas, pelo menos, Maquiavel estava de novo envolvido, ainda que remotamente, nos assuntos de governo.

Um mês após seu encontro com o arcebispo, Maquiavel recebeu mais notícias animadoras. No final de abril de 1520, Battista della Palla, um camarada do Orti Oricellari, fez uma entusiasmada exposição para Maquiavel de seu encontro em Roma com o papa Leão X. "Eu falei de seus assuntos em detalhe com o papa", ele contou a Maquiavel, "e, na verdade, tanto quanto eu pude perceber, eu o encontrei muito bem-disposto em relação a você". Ele garantiu que o papa pensava em chamar Maquiavel "para escrever alguns textos ou para alguma outra coisa". Sua Santidade era um homem culto que amava o teatro. Em 1514, ele mandara fazer uma apresentação de *La Calandra*, de Bibbiena, em Roma, e agora estava interessado em *A Mandrágora*. Ao que parece, assim que Leão soube da grande receptividade da peça em Florença (possivelmente através de seu primo, o arcebispo), exigiu que fosse encenada na corte papal com os mesmos atores e cenário. "Eu acho que isso vai dar ao papa um prazer muito grande", previu Della Palla.

A apresentação de fato aconteceu alguns meses mais tarde naquele ano, repetindo o sucesso florentino. Que o papa pudesse rir numa peça onde havia um padre corrupto é admirável, se considerarmos que em junho de 1520 ele excomungara Martinho Lutero, o homem cujas 95 teses atacavam, entre outras coisas, a "concupiscência e licenciosidade" do clero. Em todo caso, *A Mandrágora*, mais do que qualquer outra coisa, acabou sendo a chave para o retorno de Maquiavel às boas graças dos Medici. Uma peça picante sobre troca de parceiros, decepção e corrupção eclesiástica foi bem-sucedida onde *O Príncipe* havia falhado.

Maquiavel tinha planos mais elevados para sua carreira literária do que *A Mandrágora*. A oportunidade de "escrever alguns textos" para os Medici parece tê-lo levado a pensar em elaborar uma história de Florença, um projeto grande para o qual ele esperava fundos dos Medici. A chance para mostrar serviço apareceu no verão de 1520, quando ele foi enviado a Lucca para pressionar um falido comerciante luquese a quitar suas dívidas. Era uma tarefa modesta para um homem que viajara quatro vezes para a corte de Luís XII, mas um breve período de tempo livre em Lucca proporcionou a Maquiavel a oportunidade para realizar o ensaio geral, por assim dizer, de um trabalho histórico maior. Em poucas semanas, ele escreveu *A Vida de Castruccio Castracani*, uma biografia de 10 mil palavras de um *condottiere* ruivo do século XIV, nascido em Lucca, que havia derrotado os florentinos em 1325.

A Vida de Castruccio Castracani é uma leitura divertida, cheia de casos e aventuras. Entretanto, no geral, não era o melhor exemplo das habilidades de Maquiavel como historiador. Mito e imaginação estão enxertados de forma um tanto óbvia na trajetória de Castruccio, e as datas e fatos recebem tratamento descuidado. Maquiavel inventa, por exemplo, que Castruccio (cujo sobrenome significa "castrador de cães") era um órfão — um expediente que servia supostamente para mostrar como todos os grandes homens nasceram de raízes desconhecidas ou "sofreram em nível descomunal os revezes da Fortuna".[3] Muitas das fixações de Maquiavel podem ser encontradas nesta obra, desde a malícia da Fortuna (Castruccio faz um discurso na hora da morte em que reconhece a supremacia da Fortuna e não da *virtù* nos assuntos humanos) até a necessidade de um líder forte e resoluto. Há também elogios das "belas decepções" de Castruccio, como na vez em que ele resolveu os problemas de brigas entre facções em Pistoia (a cidade cujos feudos tanto desgastaram Maquiavel em 1501) ao se aliar a ambos os lados e, então, sem misericórdia, chacinar os dois.

No final do verão, Maquiavel enviou um manuscrito da obra para seus amigos Zanobi Buondelmonti e Luigi Alamanni (Cosimo Rucellai havia morrido um ano antes). Zanobi respondeu com grandes elogios, afirmando que a obra fora "universalmente louvada" pelos membros do Orti Oricellari — embora ele assinalasse que algumas passagens "poderiam ser melhoradas", sobretudo pela exclusão das máximas que Maquiavel havia copiado de escritores como Diógenes Laertius e atribuído indevidamente a Castruccio. Mesmo assim, Zanobi arriscou que esse "modelo de uma história" revelava o preparo de Maquiavel para começar o projeto bem mais grandioso de uma história de Florença.

Este projeto se concretizou logo em seguida. Maquiavel voltou de Lucca no meio de setembro e, dois meses depois, recebeu a incumbência de Leão X e do arcebispo para escrever uma nova história de Florença. Seu contrato afirmava que ele deveria escrever a história da cidade de Florença, "a partir do momento que considerasse mais adequado, e na língua — latim ou toscano — que lhe parecesse melhor". Seu salário seria de cem florins, uma soma que era 28 florins a menos do que o seu vencimento anual como segundo chanceler. Entretanto, a remuneração comparativamente menor era compensada pelo prestígio da encomenda. Ela não veio apenas do papa, mas também inseriu Maquiavel na tradição dos historiadores e cronistas florentinos, de homens célebres como Poggio Bracciolini e

Leonardo Bruni, este último tendo chegado a receber uma isenção de impostos vitalícia para ele e seus filhos como gratidão da cidade por sua obra em 12 volumes *História do povo florentino*, escrita na década de 1420.

Maquiavel colocou imediatamente mãos à obra, usando como referência aqueles textos e outros, incluindo *Décadas de história do declínio do Império Romano*, de Flavio Biondo, um livro comprado por seu pai em 1485. Ele utilizou também uma crônica de Florença escrita por Piero Minerbetti. No frontispício desta obra ele escreveu um pequeno verso: "Ó Maquiavel, que se diverte comigo/ Tenha cuidado para não me tocar com a lamparina/ Devolva-me logo, e me mantenha longe de crianças." Estas linhas divertidas testemunham uma melhora no humor sombrio de Maquiavel. Depois de oito anos de tentativas, ele estava, enfim, trabalhando para os Medici.

XVIII

O TRABALHO DE MAQUIAVEL sobre sua história de Florença foi interrompido na primavera de 1521 quando, como nos dias antigos, ele montou numa sela e foi viajar a serviço do governo. O gabinete encarregado das relações exteriores de Florença, os Oito da Prática, o selecionara para se deslocar 100 quilômetros ao norte, para a cidade de Carpi, onde os frades da Ordem Franciscana estavam realizando seu capítulo geral. Embora a Ordem Franciscana tivesse sido recentemente reformada, alguns dos frades em Florença aparentemente haviam ficado aquém da piedade e moderação da Regra de São Francisco. Ao tomar conhecimento de que alguns dos frades se comportavam mal, os Oito da Prática queriam acabar com suas transgressões ao exercer um controle mais rígido sobre os mosteiros em territórios florentinos. Maquiavel foi o emissário inesperado, despachado para conduzir as negociações.

Maquiavel estava consciente da estranha incongruência de um escancarado frequentador dos bordéis florentinos repreender os franciscanos a respeito de lapsos de moralidade, tanto que encarava com leviandade sua missão, ao que ele chamava de "A República dos Tamancos". Da sua parte, os religiosos devem ter ficado surpresos quando o embaixador de Florença que aparecia no meio deles era ninguém menos que o zombador de padres, autor de *A*

Mandrágora. Previsivelmente, os acontecimentos nos dias que se seguiram degeneraram para o lado da farsa, quando Maquiavel começou a fazer travessuras entre os seus anfitriões perplexos. Entediado por ter que esperar enquanto os franciscanos elegiam seus representantes, ele começou a contemplar maneiras para (como ele colocou numa carta a um amigo) "atiçar a contenda entre eles [...] de forma que comecem a se perseguir com seus tamancos de madeira". Ele logo envolveu esse amigo, Francesco Guicciardini, o governador da vizinha Modena, numa brincadeira que levou Guicciardini a despachar uma série de mensageiros para a residência de Maquiavel em Carpi. Os mensageiros receberam instruções para chegarem a galope em toda a velocidade, trazendo o que pareciam ser documentos importantes; esses deviam impressionar os frades com o envolvimento de Maquiavel em assuntos importantes. A galhofa começou a ruir, entretanto, quando o anfitrião de Maquiavel, um membro da Chancelaria de Carpi chamado Gismondo Santi, começou a desconfiar. Maquiavel desfrutava uma hospedagem de rei na residência de Gismondo, com "camas esplêndidas" e comida farta em cada refeição "para seis cães e três lobos". Começou a ficar preocupado que Gismondo, sentindo que estava sendo feito de bobo, o mandasse para os prazeres mais modestos de uma hospedaria local. O deboche acabou com Maquiavel escrevendo um apelo aflito a Guicciardini para que parasse de mandar seus mensageiros galopantes.

Maquiavel teve também uma segunda tarefa em Carpi. Ele foi encarregado pelos cônsules da Guilda de Artesãos de Lã de procurar um pregador para os sermões da quaresma; em particular, os cônsules queriam que ele contratasse os préstimos de um franciscano chamado Giovanni Gualberto da Firenze, também conhecido como "Il Rovaio" (que era o nome de um gélido vento norte e, portanto, provavelmente remete ao contundente estilo pastoral do Irmão Giovanni). Guicciardini achou a tarefa de seu amigo um absurdo delicioso, o que era equivalente, ele disse a Maquiavel, a pedir ao notório sodomita florentino, chamado Pacchierotto, que encontrasse uma esposa para alguém. Quanto a Il Rovaio — "aquele traidor Rovaio", como Maquiavel o chamava —, ele não tinha pressa de ir até Florença, pois lamentava que suas palavras eram pouco consideradas por lá. Ele já havia feito sermões em Florença, em que mandara todas as prostitutas usarem um véu amarelo, porém soube pela irmã, informou a Maquiavel, furioso, que as putas em Florença "aparecem como querem e sacodem os rabos mais do que nunca". Foi sem dúvida um alívio para Maquiavel quando, no fim daquele mês, ele estava de volta ao Albergaccio, entre seus livros e papéis.

A viagem de Maquiavel a Carpi e a maneira de lidar com os franciscanos levantaram a questão de seu ponto de vista sobre a religião em geral e o cristianismo, em particular. Guicciardini o alertara, em tom de brincadeira, para que não se detivesse por muito tempo em Carpi, pois "aqueles santos frades podem passar para você algo de sua hipocrisia"; e ele observou que se Maquiavel, de repente, se tornasse religioso, isto seria atribuído "mais à senilidade do que à bondade" porque "você sempre viveu numa crença contrária". Maquiavel não se opunha à religião, mas, para ele, esta possuía apenas um valor instrumental: ele não se interessava no que a religião podia fazer pela alma na vida após a morte, mas nos benefícios que ela poderia ter para a sociedade no aqui e agora. Os antigos romanos haviam usado votos e outros ritos religiosos, ele lembrou em tom de elogio nos *Discursos*, para inspirar seus cidadãos a realizarem feitos heroicos, e desse modo preservar e proteger a república. Mas ele estava muito menos convicto do potencial do cristianismo para atingir resultados semelhantes. Nos *Discursos*, ele reclamou que seus contemporâneos na Europa cristã eram menos corajosos e ferozes do que os antigos romanos, devido aos efeitos debilitantes da religião cristã. Pois enquanto os antigos romanos apreciavam as honras deste mundo e realizavam sacrifícios sangrentos — atos que Maquiavel acreditava que os motivavam na batalha —, o cristianismo contemporâneo não incluía rituais sangrentos nem valorizava a glória terrena. O cristianismo, ele lamentou, louvava homens humildes e contemplativos, em vez de homens de ação.

Esta análise ignorava de maneira conveniente acontecimentos mais vigorosos do cristianismo, como as Cruzadas ou, mais recentemente, as campanhas militares de Júlio II, onde o papa havia marchado atrás do estandarte da Eucaristia. Mas reflete o tamanho da decepção de Maquiavel com a Europa cristã, que não conseguira emular os padrões cívicos e políticos da Roma antiga. Reflete também o desencantamento generalizado com a hipocrisia e corrupção da Igreja e de algumas ordens religiosas — um desencantamento que desencadeou não apenas o tom satírico afiado de *A Mandrágora*, mas também os ataques à corrupção eclesiástica nas 95 teses de Martinho Lutero. Coincidentemente, a missão de Maquiavel para a "República dos Tamancos" ocorreu tendo como pano de fundo acontecimentos marcantes na cidade renânia de Worms, onde em maio o novo imperador sacrorromano, Carlos V, baixou um édito imperial contra Lutero, banindo seus livros e declarando-o um fora da lei. Há um mundo de diferença entre as filosofias de Maquiavel e Lutero, que orientava seus seguidores a conquistarem um lugar no céu através do tipo de humildade e arrependimento interior que tanto repeliam Maquiavel. Mas estes dois homens, com base em observações similares, acreditavam que o cristianismo enveredara por caminhos equivocados e desastrosos.

Pouco depois de seu retorno de Carpi, Maquiavel publicou outro trabalho em sua obra, agora em pleno crescimento. Era um tratado intitulado *A Arte da Guerra*, que foi concluído no outono anterior e, em 16 de agosto de 1521, saiu da prensa de Filippo di Giunta, um conceituado impressor florentino que se especializava em textos gregos. Outro produto de suas discussões no Orti Oricellari, o livro foi dedicado a Lorenzo Strozzi, o genro de 39 anos do falecido Bernardo Rucellai, autor das comédias *Pisana* e *Falargo*, e (mais importante) o homem que havia apresentado Maquiavel ao arcebispo de Florença. Na dedicatória Maquiavel explica que escreve o que aprendeu sobre a arte da guerra porque ainda acredita ser possível "levar a prática militar de volta aos métodos antigos e recuperar parte da excelência anterior".

Situado no Orti Oricellari em 1516, *A Arte da Guerra* tem a forma de um diálogo e pode ter sido livremente inspirado em conversações verdadeiras. Um dos personagens principais é o mercenário Fabrizio Colonna, que

199

morrera em março de 1520 e não poderia, portanto, ter participado das afirmações (tais como, ironicamente, um ataque na utilização de mercenários) que Maquiavel lhe atribui. A obra começa com Fabrizio parando para visitar Florença no meio de uma viagem da Lombardia para seus domínios perto de Nápoles. Depois de ter sido recebido no Palazzo Rucellai, ele passeia com Cosimo Rucellai e outros convidados pelos jardins do Orti Oricellari, onde descobre várias plantas singulares. Cosimo o informa que, por mais raras que possam parecer, estas plantas eram realmente comuns nos jardins dos romanos antigos, e que seu avô Bernardo, criador dos jardins, retomou aqueles métodos antigos de cultivo. Fabrizio critica esse tipo de veneração do passado, deplorando o fato de que, entre todas as glórias da Roma antiga, atividades de tamanha irrelevância, que levam à indolência e à decadência, sejam adotadas pelos italianos modernos. Fabrizio — e, por extensão, Maquiavel — preferiria muito mais ver o espírito do guerreiro romano resplandecendo no peito dos italianos.

As discussões se voltam, então, para os assuntos militares, com Fabrizio se tornando o porta-voz de Maquiavel sobre como se deveria organizar uma força militar e travar batalhas. Como em muitas de suas obras, ela mergulha na nostalgia pelo poder e a glória da Roma republicana. Não surpreende que ele também faça um apelo por uma milícia de cidadãos, uma obsessão que nem mesmo a tragédia de Prato conseguiu remover do cérebro de Maquiavel. Outras fixações também aparecem. O tratado pretende ser um manual de organização militar, com Fabrizio enfatizando, por exemplo, que acampamentos do exército devem ter exatamente 414 metros de comprimento, com barracas de 9 metros de profundidade por 18 de largura. Esta precisão prática não esconde o fato de que grande parte das recomendações do livro teria sido desastrosa em guerras do século XVI. Mais grave, Maquiavel desdenha da importância da artilharia, fazendo Fabrizio declarar, absurdamente, que quaisquer vantagens de uma artilharia pesada são neutralizadas pela cegueira provocada por suas nuvens de fumaça. É uma repetição do argumento defendido alguns anos antes nos *Discursos*, onde as exortações de Maquiavel para seus camaradas italianos imitarem os romanos antigos lhe tornaram relutante para endossar tanto a artilharia quanto a cavalaria, pela simples razão de que os romanos antigos praticamente não as utilizaram. Ele dá um exemplo da supremacia da infantaria na campanha empreendida por Crasso contra os partos em 53 a.C. — como se métodos da guerra antiga ainda fossem úteis nos tempos da pólvora.

Esta falta de atenção é perversa, uma vez que a história recente já mostrara a Maquiavel o terrível poder destrutivo dos canhões e das armas de fogo. É para seu descrédito que ele despreza tão enfaticamente a artilharia no momento em que Alfonso d'Este transformava os métodos de guerra com tiros de canhão, utilizados com um efeito tão devastador em Ravena. Ainda mais recentemente, uma vitória francesa sobre os suíços em Marignano, em 1515, deixou clara a vasta superioridade da artilharia sobre a infantaria: os lendários lanceiros suíços simplesmente não foram páreo para os canhões franceses. Nenhuma citação de autores antigos poderia subverter esta verdade crua e incontestável.

A presunção de que os antigos métodos de guerra romanos ainda eram aplicáveis nas primeiras décadas do século XVI ressalta um problema recorrente no pensamento de Maquiavel. Ele é culpado de fazer um *argumentum ad antiquitam*, pelo qual a autoridade e o conhecimento dos romanos são prontamente aceitos e largamente aplicados. Francesco Guicciardini sem dúvida se referia ao seu amigo quando observou: "Aqueles que citam os romanos em tudo estão se enganando em grande medida. Eles supõem erroneamente que nosso Estado existe sob exatamente as mesmas condições e pode ser governado por exatamente o mesmo modelo."[1] Maquiavel declarou no prólogo dos *Discursos* que era possível para seus compatriotas imitar os romanos antigos porque a natureza humana permanecia imutável. Contudo, algumas coisas eram mais facilmente imitadas do que outras. De fato, no século anterior, a cultura italiana fora reconstruída e renovada tomando como referência exemplos da antiguidade. Mas uma coisa era o arquiteto Leon Battista Alberti construir uma igreja ou um *palazzo* de acordo com modelos romanos, ou Ariosto escrever comédias inspiradas nas peças de Plautus ou Terêncio, e outra, bem diferente, generais se conduzirem seguindo métodos de 1.500 anos atrás. A arte da guerra e da matança havia sido enormemente aprimorada desde os dias de Crasso.

As reflexões de Maquiavel sobre a guerra, mesmo que mal-orientadas, eram tristemente oportunas. Duas semanas depois de *A Arte da Guerra* sair da prensa, os exércitos papal e imperial estavam novamente combatendo os franceses. Em maio, enquanto Maquiavel estava em Carpi, Leão X havia assinado um tratado secreto com Carlos V, o neto de 21 anos de Maximiliano, com o objetivo de expulsar os franceses de Milão, retomada pelo rei Francisco I depois da decisiva Batalha de Marignano. Em 1521, Leão estava realmente menos interessado em varrer os "bárbaros" da Itália do que em garantir as possessões tanto da Santa Sé quanto da família Medici, no caso de uma guerra entre Carlos e Francisco, o que parecia inevitável. Leão tentara inicialmente forjar uma aliança contra o imperador sacrorromano com a ajuda de França, Inglaterra e Veneza; mas, depois das negociações caminharem lentamente, ele foi persuadido, na primavera de 1521, pelas lisonjas de Carlos, que lhe ofereceu Piacenza, Parma e Ferrara, assim como proteção imperial para Florença.

As hostilidades começaram em agosto, com os exércitos aliados de Leão e Carlos, comandados por Prospero, primo de Fabrizio Colonna, desalojando os franceses de algumas possessões italianas. Poucos meses depois, em novembro, Milão foi tomada, e a maior parte da Lombardia, ocupada. Leão não viveu para saborear sua vitória, pois morreu em 1º de dezembro, dez dias antes de completar seus 46 anos, em seguida a um reinado de quase nove anos. Ele aparentemente sucumbiu à malária, embora, como de praxe, tenha havido rumores de envenenamento.

A morte de Leão X teve desdobramentos óbvios para o mandato de seu primo em Florença. O arcebispo era um líder mais sábio e equilibrado do que Giuliano ou Lorenzo di Piero haviam sido, mas seu talento e sua cortesia não podiam encobrir o fato de que o governo de Florença ainda se conduzia no Palazzo Medici e não no Palazzo della Signoria. Sem a garantia de proteção papal, ele e sua família ficaram vulneráveis pela primeira vez em quase uma década. Seus inimigos, percebendo a oportunidade, começaram a se mobilizar logo no início de 1522. O líder era o irmão de Piero Soderini, cardeal Francesco, o bispo de Volterra, e por muitos anos um amigo chegado de Maquiavel. Com o dinheiro e a bênção do rei da França, o cardeal Soderini contratou um *condottiere* chamado Renzo da Ceri que começou a avançar ao norte a partir de Siena, com o objetivo expresso de destronar o arcebispo e restabelecer uma república com bases mais amplas. A campanha foi rapidamente esmagada, entretanto, graças a uma força pró-Medici liderada por outro mercenário, Orazio Baglioni, filho ilegítimo de 29 anos de Gianpaolo Baglioni de Perugia.

As esperanças do cardeal Soderini para restaurar sua família sofreram um novo golpe quando um complô contra a vida do arcebispo foi descoberto no princípio de junho em Florença. A tentativa de assassinato era para ter acontecido em 19 de junho, na Festa de Corpus Christi, por dois homens até mais próximos de Maquiavel que do cardeal Soderini: Zanobi Buondelmonti e Luigi Alamanni, os homens a quem ele dedicara *A Vida de Castruccio Castracani*. Entre os conspiradores estavam vários outros "amigos do meio-dia" de Maquiavel, frequentadores do Orti Oricellari. Zanobi e Luigi conseguiram fugir, mas dois de seus cúmplices foram capturados e rapidamente decapitados, enquanto o cardeal Soderini foi preso em Roma por ordem do novo papa, Adriano VI. O último ato dessa tragédia foi a morte em Roma, em 13 de junho, após dez anos de exílio, do homem em torno de quem as esperanças de uma nova república haviam girado: Piero Soderini.

Esta conspiração fracassada e seus desdobramentos foram um desastre pessoal terrível para Maquiavel. Não apenas seu grupo literário nos jardins do Palazzo Rucellai se desfez, como um bom número de seus amigos mais próximos estava morto ou no exílio. Como no caso do complô contra os Medici em 1513, surgiram perguntas sobre se Maquiavel estaria ou não envolvido, ou se sabia do plano de assassinato. Sua proximidade com Zanobi Buondelmonti e outros cabeças, aliada a seu relacionamento conturbado com os Medici, certamente levantaram suspeitas. Entretanto, seus biógrafos o absolveram unanimemente de qualquer envolvimento direto, como também o fizeram as autoridades, em 1522. Buondelmonti supostamente conversou com seus cúmplices sobre a possibilidade de incluir Maquiavel na conspiração, mas foi avisado de que a fama de seu amigo como um oponente dos Medici poderia comprometer os planos.

Mesmo que Maquiavel não estivesse envolvido na conspiração, questões também surgem sobre se ele a teria aprovado ou não. Com certeza, ele teria sido beneficiado por um novo regime implantado pelo cardeal Soderini, e teria simpatizado mais com ele do que com o governo do arcebispo. Mas quais eram seus pensamentos sobre tais conspirações em geral? Teria sido justificável, em sua opinião, assassinar o arcebispo de Florença para estabelecer um regime mais popular?

O melhor dos biógrafos de Maquiavel, Roberto Ridolfi, sustenta que Maquiavel via o assassinato político como "um crime grave".[2] Porém, os indícios dos textos de Maquiavel oferecem um testemunho mais ambíguo. São muitas as referências a assassinatos e conspirações encontradas nos *Discursos*, que foram dedicados a ninguém menos que Zanobi Buondelmonti. O segundo capítulo do livro discute, e aprova, uma hipotética conspiração na qual um governo republicano é fundado depois que cidadãos influentes se levantam para derrubar um líder corrupto. Tais conspirações são empreendidas, ele escreve, por "aqueles que por nobreza, grandeza de espírito, riqueza e nível social eram superiores aos outros, que não suportavam a vida vergonhosa de seu príncipe". O consentimento, portanto, é dado por ele a homens com nobreza e grandeza de espírito para derrubarem um líder corrupto ou tirano.

Um tratamento mais abrangente da questão é encontrado no capítulo dos *Discursos* intitulado "Das Conspirações". Com quase 9 mil palavras, esse capítulo é de longe o maior de todo o livro — uma indicação de que, em 1517, Maquiavel e seus amigos, como Buondelmonti, estavam debatendo esse tema com afinco. O capítulo funciona como uma espécie de manual do conspirador. Repleto de sugestões úteis para conspiradores em potencial, ele descreve várias conspirações políticas e analisa como e por que elas fracassaram. Maquiavel determina, por exemplo, que os planos de um conspirador nunca devem ser comunicados a quem quer que seja, a não ser na mais absoluta necessidade, e, mesmo assim, somente para pessoas que sejam absolutamente confiáveis. Ele também especifica — talvez se lembrando da folha de papel com a lista de nomes perdida por Agostino Capponi — que nada deveria, nunca, ser colocado no papel. Uma recomendação mais contundente é que ninguém que possa se vingar deva ser deixado vivo. Ele cita como exemplo a história dos assassinos de Girolamo Riario, que negligentemente deixaram Caterina Sforza viva para executar sua vingança sangrenta. Ele compara também o uso da espada e do veneno (descartando este último por não ser confiável).

Igualmente reveladoras são as observações de Maquiavel sobre assassinatos políticos na sua história de Florença, a obra que ele estava escrevendo na época da conspiração de 1522. Este livro inclui a descrição do assassinato do pai de Caterina Sforza, Galeazzo Maria Sforza, apunhalado por criminosos em Milão, em 1476. Ele narra como os jovens conspiradores quiseram libertar Milão do duque cruel e devasso e instituir um governo popular. O espírito fortemente republicano do cabeça da revolta, Cola Montano, era, aos olhos de Maquiavel, extremamente digno e nobre, o que facilmente justificava o assassinato de um tirano como Galeazzo. Maquiavel lamenta a morte dos assassinos, e na boca de um deles, Girolamo Olgiato, de 23 anos, executado por sua participação no complô, ele coloca algumas últimas palavras heroicas: *"Mors acerba, fama perpetua, stabit vetus memoria facti"* ("A morte é amarga, a fama é duradoura; a memória de meu ato permanecerá por um longo tempo").

Estas palavras foram escritas não muito tempo depois da conspiração fracassada contra o arcebispo. Não é difícil ler no lamento melancólico de Maquiavel por "estes jovens infelizes" sua tristeza pelos amigos perdidos do Orti Oricellari. Maquiavel certamente sentiu a morte de seus amigos e o exílio de Buondelmonti e Alamanni, mas isso não quer dizer que tenha desaprovado a conspiração ou a teria denunciado como crime.

XIX

FLORENÇA PASSOU A ser pouco atrativa para Maquiavel depois que o grupo literário do Orti Oricellari foi disperso. Ele passou a maior parte dos dois anos seguintes no campo, em Sant'Andrea in Percussina, escrevendo a sua história de Florença e se dedicando aos negócios da fazenda. Estava ainda apanhando sabiás (seu cunhado recebeu um presente de 30 pássaros no final de 1522) e supervisionando a colheita e a venda da safra. Cuidava também dos negócios de seu irmão Totto, que morrera em junho de 1522, o que trouxe mais tristeza e sentimento de perda ao que já vinha sendo um mês difícil.

Outra preocupação de Maquiavel era o comportamento de seu segundo filho, Lodovico, um rapaz desobediente e genioso. No princípio de 1523, ele escreveu para seu velho amigo Francesco Vettori lamentando o destino de pais amaldiçoados com filhos. Entre outras coisas, preocupava-se com o relacionamento de seu garoto de 19 anos com outro rapaz: "Brinca com ele, joga com ele, perambula com ele, segreda no seu ouvido; eles dormem na mesma cama." A metamorfose de Maquiavel, o lascivo assumido, em moralista rígido e crítico deve ter pego Vettori de surpresa. Tendo acumulado muita experiência sexual, ele próprio, Vettori via o comportamento de Lodovico com uma mente mais aberta, lembrando a Maquiavel que "na medida em que envelhecemos, nos tornamos melancólicos demais, e, por assim dizer, irritadiços, e não lembramos do que fazíamos quando éramos jovens."

É uma suprema ironia que o autor de *A Mandrágora* surgisse, de repente, no papel de um velho e mal-humorado patriarca, às turras com seu filho adolescente. Ainda assim, as inquietações de Maquiavel a respeito do comportamento sexual de Lodovico são surpreendentes devido ao seu próprio comportamento liberal. Ele parece ter adotado — pelo menos quando Lodovico não estava envolvido — uma atitude aberta em relação ao que ficou conhecido em toda a Europa como o "vício florentino". Um de seus amigos mais chegados em Florença, um comerciante chamado Donato del Corno, era homossexual. A loja dele — que Maquiavel frequentava tanto que Donato o chamava de "praga de loja" — parece ter sido um ponto de encontro de outros homossexuais. Se Maquiavel teve amantes masculinos é incerto, embora em determinado momento de sua carreira ele tenha se tornado objeto de comentários bizarros. Em 1500, Ottaviano Ripa, um membro dos Dez da Liberdade e da Paz, passou pela chancelaria e, em conversa com Agostino Vespúcio e outros secretários, especulou que Maquiavel poderia entrar em "grave perigo" durante sua estada na França "uma vez que homossexuais e sodomitas são duramente perseguidos por lá". Quando Vespúcio discordou, dizendo que o caráter de Maquiavel era "excelente e sem mácula", Ripa respondeu com uma história absurda sobre Maquiavel ter sido sodomizado por um cavalo — rumor que certamente revela mais sobre a falta do que fazer de Ripa e sua índole ingênua (ou maliciosa) do que sobre as aventuras eróticas de Maquiavel.

Maquiavel não estava tão melancólico e irritadiço que não pudesse mais se encontrar preso nas "redes de ouro" de Vênus. Seu caso com a esposa abandonada de Niccolò Tafani — se é que algum dia chegou a esse status — parece ter ficado muito para trás; mas no início de 1524, ele começou um novo caso de amor, dessa vez com uma cantora chamada Barbera Raffacani. Ele a conheceu na casa de Jacopo Falconetti, um tijoleiro e caieiro, conhecido como Il Fornaciaio (de *fornace*, "fornalha"). Fabricar cal era um processo nocivo que estragava a saúde dos que moravam no caminho da fumaça. Falconetti lucrava muito com seu negócio — que abastecia a construção com os ingredientes para cal de argamassa — e adquiriu uma casa confortável com jardim nos arredores ao sudoeste de Florença, em Santa Maria in Verzaia. Em algum momento, Falconetti havia sido servidor da Signoria, até que por algum delito desconhecido ele foi demitido da função e banido de Florença por cinco anos. Aqui, instalado em segurança fora da Porta San Frediano, ele aproveitava o máximo possível de seu exílio, recebendo amigos num estilo suntuoso.

Maquiavel foi convidado para participar destes encontros em 1524. Seu assento à mesa foi conquistado muito mais por *A Mandrágora* do que por *O Príncipe* ou os *Discursos*. Os banquetes de Falconetti nem de longe lembravam os refinados debates políticos do Orti Oricellari, porém, Maquiavel, o epicurista que podia comer por "seis cães e três lobos", não teria gostado menos deles por isso. Na verdade, a comida deve ter sido o elo que uniu Maquiavel e Falconetti. Eles parecem ter se conhecido num excêntrico clube gastronômico chamado de Compagnia della Cazzuola (a "Confraria da Pá").* Os membros deste grupo, todos amantes do prazer, vinham se reunindo desde 1512 para belas refeições nas quais os convidados competiam uns com os outros para criar os pratos mais bonitos e inovadores. Certa vez, o pintor Andrea del Sarto apresentou um prato realmente memorável. Ele ofereceu aos seus confrades um templo octogonal de marzipã, com colunas de linguiça, cornijas de massa de farinha e mosaicos coloridos feitos de geleia. Na parte de dentro havia um púlpito esculpido de vitela gelada, uma Bíblia de massa de macarrão com letras de grãos de pimenta, e um coral composto de sabiás vestidos de sobrepeliz, de boca aberta como se estivessem cantando. Dois pombos gordos faziam a parte do baixo, enquanto seis cotovias eram as sopranos.[1] Maquiavel pode ter fornecido os sabiás para este coral comestível, já que Andrea foi quem pintou o cenário para a sessão de *A Mandrágora* encenada para os membros da Compagnia della Cazzuola, em alguma data de 1523. Ou Falconetti esteve também nessa apresentação — que aconteceu a 16 quilômetros de Florença, em Monteloro — ou soube dela pouco depois. No início de 1524, ele estava organizando uma exibição da peça em sua própria casa para comemorar o fim do seu expurgo. Maquiavel se ofereceu, em vez disso, para escrever uma nova peça para ele — na qual criaria um papel para Barbera Raffacani.

---

* O nome deste grupo foi inspirado num incidente cômico durante um jantar nos jardins de um músico corcunda chamado Feo d'Agnolo. Um dos convidados, espiando uma pá esquecida por um operário, a encheu de argamassa e colocou na boca de Feo, bem quando ele se preparava para saborear uma porção de queijo ricota. Daí em diante, a pá se tornou o símbolo do grupo.

Barbera, que usava o nome de guerra de Barbera Fiorentina, era sem dúvida uma prostituta de luxo. O amigo de Maquiavel, Francesco Guicciardini, a chamou assim, desprezando-a numa carta como "companhia meretrícia" e afirmando que ela "se esforça, como é praxe entre seu gênero, para agradar a todos". Barbera era muito mais jovem que Maquiavel, e a diferença de idade entre eles inspirou, em parte, a trama da peça que ele escreveu para entreter Falconetti. Intitulada *Clizia*, fala de um velho chamado Nicômaco — uma alusão óbvia ao próprio nome de Maquiavel — que disputa com seu filho Cleandro o amor de uma jovem chamada Clizia. A representação na peça das loucuras de um velho obcecado por uma mulher mais nova indica que Maquiavel certamente não havia perdido seu senso de humor, como também mostra o retrato de desavenças entre pai e filho, que talvez reflita sua própria tensão com o filho Lodovico.

Maquiavel trabalhou na peça de cinco atos — um tanto apressadamente, a julgar pelo resultado final — na segunda metade de 1524, concluindo-a a tempo para uma apresentação no início de 1525. Ele estava, na verdade, traduzindo e adaptando, tanto quanto criando, uma vez que a maior parte da trama vem de uma farsa chamada *Casina*, escrita por Plautus, e encenada pela primeira vez em torno de 185 a.C. Maquiavel transplantou a ação para Florença durante o carnaval de 1506. A peça inicia no dia em que Nicômaco — descrito sem eufemismos como um "velho louco, babado, míope e desdentado" — escolheu para o casamento de sua jovem protegida, a órfã Clizia, que vinha morando no seu lar pelos últimos 12 anos. Recusando-se a permitir que seu filho apaixonado, Cleandro, case com Clizia, ele planeja em vez disso que ela case com seu empregado prestimoso, Pirro, que deixará Nicômaco dormir com ela quando quiser. A esposa de Nicômaco, Sofronia, compreensivelmente, tem outras ideias. Ela o atrapalha ao vestir um empregado nas roupas de Clizia, fazendo uma troca na cama nupcial. Ávido, Nicomaco entra às escondidas no quarto, depois de ter tomado um afrodisíaco potente "que iria rejuvenescer um homem de 90 anos". Depois de uma escaramuça debaixo das cobertas, ele se assusta ao sentir um "objeto duro e pontudo" na cama. O empregado então joga as cobertas para trás e faz um gesto obsceno para Nicômaco, que fica atônito. "Estou desgraçado para toda eternidade", o velho lamenta, enquanto o resto do elenco se dobra de rir pela tolice e pelo revés.

A peça contém muitos dos mesmos ingredientes de *A Mandrágora*, incluindo jogos de palavras espirituosos, referências ao cotidiano local, um velho tonto e cômico que é enganado por um ardil, e o que os censores modernos chamariam de conteúdos de natureza sexual. No geral, *Clizia* não chega ao êxito de *A Mandrágora*, muito porque Maquiavel descreve a ação entre Nicômaco e o empregado em vez de dramatizá-la no palco. O resultado são várias falas longas de exposição em vez da farsa de ritmo rápido da peça anterior. Em *A Mandrágora*, por exemplo, nós vemos a amostra de urina em cena, enquanto em *Clizia* nós apenas ouvimos falar sobre — mas nunca vemos — o poderoso afrodisíaco capaz de "levantar um batalhão". Numa perspectiva dramática, a diferença é enorme.

Mesmo com esses defeitos, a peça foi um sucesso estrondoso quando estreou na casa de Falconetti em 13 de janeiro de 1525. A fama de Maquiavel como dramaturgo "despertou em todos o desejo de assisti-lo". Falconetti mandou convites não apenas para os aristocratas de Florença, mas também para os comerciantes de classe média e até (excepcionalmente) para gente da plebe. Uma multidão — onde alguns elementos estavam bastante agitados — passou pela Porta San Frediano para a curta viagem até Santa Maria in Verzaia. O anfitrião não economizou para fazer daquela noite um sucesso. Parte do jardim de Falconetti foi nivelada para poder fazer um palco, e o novo cenário foi criado por Bastiano da Sangallo, sobrinho do amigo de Maquiavel, Giuliano da Sangallo, e um dos assistentes de Michelangelo na Capela Sistina. Ninfas e pastores faziam travessuras no palco durante a canção de abertura, *Abençoado É esse Dia Feliz*, que tinha sido composta por Maquiavel — como as outras nos intervalos dos atos — e cantada por Barbera. O sucesso da peça trouxe celebridade para Maquiavel. "A fama de sua comédia voou por todo lugar", lhe escreveu um amigo de Modena. "Você e o Fornaciaio arranjaram as coisas de um jeito que a fama de seus folguedos se espalhou e continua a se expandir não apenas por toda a Toscana, mas também pela Lombardia." A Roda da Fortuna estava girando num eixo bem curioso: o homem que ganhou fama com sua milícia em 1509, para depois passar vergonha em 1512, experimentava desta vez a glória como autor de comédias libertinas.

Maquiavel ainda nutria esperança por outro tipo de glória. Poucas semanas depois da estreia triunfante de *Clizia*, ele completou sua história de Florença. Depois de quatro anos de trabalho, a obra era um calhamaço pesado de 170 mil palavras que cobria mil anos da história florentina, das invasões bárbaras até a morte de Lorenzo, o Magnífico. O manuscrito já estava pronto para ser apresentado ao homem que o havia encomendado. Mas para isso, Maquiavel teria que viajar a Roma.

O papa Adriano VI, um holandês, havia morrido em setembro de 1523, com apenas vinte meses de reinado. No conclave que se seguiu, Giulio de' Medici, o arcebispo de Florença, foi eleito papa Clemente VII. Mais uma vez um Medici usava a tiara papal, e Florença, mais uma vez, se beneficiaria de uma aliança com a Igreja.

A acessão de Clemente VII teve consequências previsíveis na política florentina. Clemente foi eleito graças à influência do imperador sacrorromano, Carlos V, a quem ele havia apoiado nos dias em que controlava a política papal no reinado de Leão X. Sua eleição coincidiu com o movimento de uma força militar francesa de 27 mil homens para invadir a Lombardia, com a qual Francisco I esperava recapturar Milão das mãos de Prospero Colonna e das tropas imperiais. Hesitante e ambíguo por natureza, Clemente começou adotando a política da *via di mezzo* que tanto havia enfurecido Maquiavel em relação à Signoria. Ansioso, o papa avaliou o relativo poder de fogo dos franceses e das forças imperiais, e foi se desvencilhando de seu aliado anterior, o imperador, e negociava secretamente com o rei da França. A retomada francesa de Milão em novembro de 1524 obrigou-o a um compromisso, e, um mês depois, o papa assinou um tratado secreto com Francisco contra o imperador.

A aliança provou, desde o início, ser um desastre terrível. Passados dois meses, em 23 de fevereiro de 1525, as forças francesas foram esmagadas pelo exército do imperador no campo de batalha de Pavia. Doze mil soldados franceses foram ou mortos ou feridos, e o grande comandante militar francês Louis de La Trémoille foi morto. O próprio rei Francisco foi feito prisioneiro — o primeiro monarca a ser capturado em batalha desde que o rei João II da França foi preso pelos ingleses em Poitiers, em 1356. Milão foi rapidamente reconquistada pelas forças imperiais, deixando Clemente à mercê do imperador.

Este foi o momento infeliz em que Maquiavel escolheu para viajar à Roma e apresentar ao papa a sua *História de Florença*. Ele foi alertado por um amigo, entretanto, que "os tempos não estão favoráveis para leituras e para presentes", e por isso, só veio a fazer a viagem para o sul em maio, quando foi assinado um tratado entre Carlos V e a Igreja. Clemente, que disse acreditar que a obra "daria prazer", recebeu prontamente a *História* e pagou 120 florins a Maquiavel — 20 florins a mais do que o valor combinado — de seu próprio bolso.

O papa talvez não tivesse sido tão generoso com seu dinheiro se tivesse lido o livro antes. Grande parte das histórias de Florença, até então, eram longos hinos de louvor à cidade; geralmente a premissa era patriota, como a de Leonardo Bruni, cujo *Laudatio Florentinae Urbis*, escrito em 1403, clamava que "Florença é de tal natureza que em toda a terra não se pode encontrar uma cidade mais esplêndida ou mais ilustre". As páginas da crônica de Maquiavel, em contraste, contam uma história triste e impiedosa de facções, violência, corrupção generalizada, incompetência política, liberdades perdidas e campanhas militares desastradas até um ponto quase cômico, conduzidas por mercenários inescrupulosos. Há até mesmo a descrição assustadora de um episódio de canibalismo que aconteceu em Florença em 1343, assim como uma descrição horripilante da Conspiração de Pazzi, em 1478 — o crime político no qual o pai de Clemente VII, Giuliano de' Medici, irmão de Lorenzo, o Magnífico, perdeu a vida.

Seu retrato dos Medici provocou em Maquiavel grande ansiedade enquanto ele preparava a obra. De que modo escrever a história desta família cujos membros usurparam a Constituição Republicana de Florença e, na opinião dele, suprimiram as liberdades da cidade? Sua dedicatória a Clemente VII no início do livro adverte que ele pode parecer reticente em seu louvor aos Medici, mas ele afirma ter sido instruído pessoalmente pelo papa para escrever a história de seus ancestrais sem lisonjas e adulação em excesso. Mas ele não foi inteiramente econômico em seu louvor. Ele faz Cosimo de' Medici parecer um herói de *O Príncipe*, quando descreve como a prudência, a riqueza e o "estilo de vida" de Cosimo faziam dele "temido e amado" pelo povo de Florença. Mas ele apresenta críticas numerosas à família, incluindo um relato controvertido da Conspiração de Pazzi. No que pode ser enxergado como um tipo de apologia dos assassinos, ele sustenta que o atentado contra a vida de Lorenzo aconteceu porque os Medici estavam tentando exercer autoridade absoluta sobre a cidade. Com total desprezo pelo fato do pai de seu mecenas ter morrido no ataque, ele relata como "o governo estava tão completamente circunscrito aos Medici, que haviam se apoderado de tanta autoridade que os descontentes eram forçados ou a suportar com paciência aquele tipo de governo, ou, se eles tentassem derrubá-lo, a fazê-lo através de conspirações, e secretamente". Esses conspiradores não eram diferentes, na visão de Maquiavel, daqueles que mataram Galeazzo Maria Sforza, havia alguns anos.

Todavia, nem tudo está completamente perdido neste inventário sombrio da história florentina. O livro bate numa tecla familiar quando Maquiavel comenta no prefácio que, caso a cidade tivesse conseguido algum dia se unir, seu povo teria superado todas as outras repúblicas, tanto antigas como modernas. A razão para esse otimismo é o poder das armas e da indústria encontrado na cidade, e, em particular, a milícia de cidadãos com 1.200 homens na cavalaria e 12 mil na infantaria que, em dias passados, a república fora capaz de juntar entre seus próprios cidadãos.

Uma milícia de cidadãos não era, é claro, um assunto simplesmente nostálgico para Maquiavel. Ele aproveitou a oportunidade, ao apresentar seu manuscrito, para defender perante o papa a ideia de formar milícias por todos os Estado Pontifício com a finalidade de preservar os interesses da Santa Sé. Preocupado em se proteger contra a influência e as invasões do imperador, Clemente prestou atenção e, então, enviou Maquiavel até Faenza, na Romagna, para sondar a viabilidade deste projeto. Maquiavel deixou Roma com uma instrução papal afirmando que era para ele se engajar em "um assunto de grande importância" do qual dependia "a segurança dos Estados Pontifícios, assim como de toda a Itália, e praticamente de toda a Cristandade". Um exagero, evidentemente. A instrução reflete mais os poderes de persuasão de Maquiavel do que a necessidade ou eficácia de qualquer projeto de milícia. No entanto, um aspecto da instrução era exato: a Itália e toda a Cristandade Católica estavam, sem dúvida, mergulhando no mais grave perigo.

Tropas perfiladas para desfiles a céu aberto, tambores ressoando e botas marchando, a infantaria exibindo suas táticas na praça, estandartes esvoaçando e sinos tocando. Quando tomou a estrada para o norte, em junho, Maquiavel deve ter sonhado com um retorno ao trabalho que havia realizado nas regiões rudes do Casentino havia mais de 12 anos. O fato de ter completado 56 anos poucas semanas antes da viagem a Roma não parece ter abalado suas energias e disposição para o trabalho, e ele partiu para Faenza quase imediatamente. Lá, uniu forças com Francesco Guicciardini, recém-nomeado governador da Romagna. Guicciardini, porém, logo jogou um balde de água fria no projeto da milícia. Ele afirmou, entre outras coisas, que uma milícia papal precisaria ser fundada por amor à Igreja — uma qualidade que faltava claramente aos camponeses toscos da Romagna. O projeto acabou sendo rejeitado pelo papa, e Maquiavel voltou para Florença antes do final de julho.

A viagem a Faenza, porém, não foi totalmente sem recompensa, uma vez que Maquiavel lá conheceu uma cortesã chamada Maliscotta. Ela teria sido seduzida por seu "cavalheirismo e boa conversa". Além disso, ele e Guicciardini começaram a planejar uma encenação de *A Mandrágora* em Faenza. Esse projeto providenciou um pretexto para continuar se encontrando com Barbera Fiorentina. "Eu estive jantando com Barbera nestas últimas noites e discutindo a peça", ele escreveu no final de setembro. Ele compôs novas músicas para ela cantar nos intervalos, incluindo uma intitulada *Como É Doce a Traição* — uma celebração das mentiras que ele havia exaltado 12 anos antes em *O Príncipe*.

A peça era para ser encenada no princípio de 1526, mas no último instante a apresentação foi cancelada. Guicciardini tinha sido convocado a Roma com urgência para discutir com o papa graves desdobramentos políticos. Pouco depois, em março de 1526, Maquiavel também foi chamado a Roma. Florença estava sendo ameaçada de invasão e — assim como nos dias passados — buscava em Maquiavel a sua salvação.

XX

De novo, uma guerra parecia inevitável. Começou como tantas outras, com um tratado de paz. Em 14 de janeiro de 1526, o rei da França e o imperador Carlos V assinaram o Tratado de Madri, pelo qual Francisco renunciava a todas as suas pretensões aos territórios italianos, incluindo Milão, Nápoles e Gênova. Ele tinha sido libertado — esteve preso desde a Batalha de Pavia —, mas seus dois pequenos filhos permaneceram como reféns para garantir o cumprimento dos termos do tratado. Logo ficou claro que Francisco não tinha qualquer intenção de cumpri-los.

A supremacia do imperador na Itália e a destruição total das fortunas francesas eram as preocupações máximas do papa. Se Júlio II constituiu sua Liga Santa em 1511 com o objetivo de varrer os franceses da Itália, agora o domínio imperial levava Clemente VII a criar uma nova Liga Santa. Esse pacto, assinado em Conhaque, em 22 de maio de 1526, criava uma aliança poderosa contra o imperador; seus signatários eram a França, o papado, Florença e Veneza. A participação de Francisco rompeu o Tratado de Madri, mas Clemente se apressou em absolvê-lo desse pecado.

A urgência da situação e suas implicações para Florença trouxeram de volta os bons ventos políticos para Maquiavel. *A Arte da Guerra* lhe conferiu tamanha fama como engenheiro militar (a parte final do livro inclui uma longa exposição sobre fortificações) que, na primavera, ele foi chamado a Roma por Clemente para discutir a situação da defesa de Florença. Ele elaborou um relatório para o papa e logo foi nomeado secretário e intendente do recém-criado Guardiões das Muralhas. Seu filho mais velho, Bernardo, com 22 anos, seria seu assistente. Pai e filho se lançaram com prazer na tarefa de inspecionar as várias fortificações de Florença. "Minha cabeça está tão repleta de baluartes que não tem espaço para mais nada", Maquiavel informou a Guicciardini, em maio. Um mês depois, no entanto, ele tinha outras coisas para se ocupar, quando foi instruído para deixar seus baluartes e pegar a estrada para o norte, rumo à Lombardia, onde os combates já haviam começado, e onde lhe foi confiada a missão de reorganizar uma infantaria para combater o inimigo. Os homens estavam sendo comandados pelo *condottiere* Vitello Vitelli, ironicamente, o sobrinho de Paolo e Vitellozzo Vitelli. Maquiavel encontrou os soldados em "estado tão ruim" que até duvidou que eles provassem ter algum valor em combate.

Chegando à Lombardia, em Marignano, 16 quilômetros a sudeste de Milão, Maquiavel deve ter sentido que sua carreira havia completado um ciclo quando ele encontrou o capitão da infantaria da Liga Santa. Giovanni de' Medici, mais conhecido como Giovanni delle Bande Nere, era o filho de 28 anos de Caterina Sforza, a mulher com quem, em outra época, Maquiavel tinha começado sua trajetória política. Giovanni era bisneto do irmão de Cosimo de' Medici, Lorenzo, e, como tal, um parente distante do papa; mas, em espírito, ele era genuinamente um

Sforza, daquela raça de guerreiros valentes e brutais. Na ocasião, era o soldado mais venerado da Europa, pois na última década ele tinha liderado um regimento de elite dos mercenários chamado os Bande Nere ou "Faixas Negras", porque seus integrantes usavam armadura negra, e desde a morte de Leão X, portavam estandartes de borda preta. A capacidade e ousadia militar de Giovanni eram lendárias, assim como eram lendários o profissionalismo dos Bande Nere e a devoção deles ao seu líder. O escritor Pietro Aretino, famoso por suas fortes críticas, não cansava de engrandecer Giovanni: "Ele era um líder nato que possuía a arte de fazer seus homens o amarem e temerem [...] Muitos podem tê-lo invejado, mas nenhum pôde se igualar a ele."

Aqui, verdadeiramente, estava um homem para Maquiavel admirar — um líder que parecia ter saído das páginas de *O Príncipe*, um homem a quem alguns estavam começando a exaltar com o nome de Giovanni d'Italia. E, sem dúvida, Maquiavel se interessou em conhecer tudo deste soldado formidável, cuja insígnia pessoal era, de forma muito adequada, um raio. Todos concordam, ele escreveu a Guicciardini, que Giovanni delle Bande Nere "é corajoso e impetuoso, tem grandes ideias, e toma decisões ousadas". Giovanni, por sua parte, ficou menos impressionado com Maquiavel. Ele parece ter lido *A Arte da Guerra* e, duvidando da sabedoria de várias afirmações de Maquiavel, desafiou-o a exercitar os 3 mil Bande Nere pelo método descrito no livro. Maquiavel, imprudentemente, aceitou o desafio, o que levou a praça de armas de Marignano a viver duas horas de caos. Por fim, Giovanni livrou Maquiavel de seu embaraço, tomando a frente para animar suas tropas com calma e elegância. Depois, Giovanni dizia que entre ele e Nicolau Maquiavel havia esta diferença: "Nicolau sabia escrever bem sobre as coisas, e ele sabia fazê-las." Se Maquiavel foi incapaz de revistar as tropas mais capacitadas e disciplinadas da Europa, fica mais fácil entender por que os camponeses de Casentino fracassaram tão perdidamente em Prato.

Maquiavel se redimiu, de certa forma, nas semanas seguintes, negociando a rendição de Cremona às forças da Liga Santa. Ele, então, voltou no começo de novembro para Florença, mas não sem antes parar para consultar um adivinho em Modena. O vidente previu desastre para o papa e a Liga Santa, anunciando, como Maquiavel relatou a Guicciardini, que "os tempos maus ainda não passaram — tanto nós, como o papa, ainda sofreremos muito durante eles".

Não era preciso um profeta para adivinhar que a catástrofe acenava. Com suas fileiras engrossadas por recrutas da Alemanha, entre eles muitos luteranos, as tropas imperiais começaram sua ofensiva plena, invadindo a Itália em novembro. As tropas eram lideradas por Georg Von Frundsberg, o príncipe de Mindelheim, um comandante veterano que usava uma corda de seda no pescoço com a qual ele jurara estrangular o papa. Os soldados de Frundsberg se autodenominavam Landsknechts, ou "homens da terra". Lanceiros treinados com as táticas da infantaria suíça, usavam trajes vistosos — chapéus emplumados, meias multicoloridas, gibões coloridos com mangas fofas e enfeitadas — que contrastavam com sua terrível eficiência.

Os Landsknechts aplicaram um golpe mortal logo no início da campanha. Em 25 de novembro, encontraram-se com os Bande Nere em Borgoforte, perto de Mântua. Eles não tinham uma artilharia, com exceção de quatro falconetes, pequenos canhões giratórios fornecidos por Alfonso d'Este. Num pequeno conflito eles foram vencidos pelos ágeis Bande Nere, que portavam armas leves, mas um dos falconetes atingiu Giovanni, destruindo a sua perna. Ela foi amputada, mas o grande guerreiro Medici morreu cinco dias depois. Sua morte foi uma perda incomparável para a Liga Santa.

Talvez tenham sido estrategistas ferozes, mas os milhares de soldados imperiais que atravessaram o rio Pó no final de novembro tinham uma terrível semelhança com o exército de Ramón de Cardona que havia ameaçado Florença e saqueado Prato no verão de 1512. Eles tinham poucas provisões, estavam mal equipados, e muitos já não recebiam pagamento por vários meses. Eles haviam atravessado os Alpes por passes difíceis e perigosos por cima do lago Garda, padecendo (como Frundsberg relatou) de "pobreza, fome e frio". Em consequência disso, eram indisciplinados e perigosos, prontos para saquear as cidades italianas e — pela influência dos luteranos em suas fileiras — castigar o papado corrupto. O papa avaliou que uma força como aquela poderia ser vencida mais facilmente pelo ouro do que pelo aço. No final de janeiro de 1527, assinou um tratado com o imperador prometendo pagar 200 mil ducados às tropas famintas, se dessem meia-volta e atravessassem os Alpes. A situação poderia ter sido resolvida assim, mas, por causa de uma pequena e insignificante vitória no mesmo dia, Clemente repudiou imediatamente o tratado e declarou seu antagonismo a Carlos V. Pela segunda vez em pouco mais de um ano, ele havia quebrado seu acordo com o imperador. Aumentado, alguns dias depois, pela chegada da infantaria espanhola comandada pelo duque de Bourbon, o exército imperial, agora com 22 mil homens, começou sua marcha para o sul na direção de Bologna. Os Bande Nere, apesar da morte de seu líder, foram mandados para o sul, para proteger Roma.

Com seu inimigo prestes a atacar e seus aliados incertos, a República de Florença tinha pela frente a maior crise de seus últimos 15 anos. Na primeira semana de fevereiro, Maquiavel foi enviado a Parma para avisar Francesco Guicciardini que a situação de Florença parecia desesperadora, com a cidade vulnerável ao ataque pela falta de soldados e dinheiro. Ele precisava saber de Guicciardini que apoio militar Florença podia esperar do papa e de outros aliados como os venezianos. Para Maquiavel, porém, a situação não parecia inteiramente sem esperança. Chegando a Parma, em 7 de fevereiro, ele começou a escrever relatórios a Florença insistindo que a quantidade reduzida de suprimentos de Frundsberg era algo auspicioso para a Liga Santa. "Acredita-se que eles não são para ser temidos, se não os ajudarmos com nossos próprios erros", ele escreveu sobre as tropas imperiais, "e todos que têm alguma experiência de guerra julgam que nós devemos ser vitoriosos, a não ser que maus conselhos ou a falta de dinheiro provoquem nossa derrota". Estava claro que as lições de 1512 não tinham sido levadas a sério.

De Parma, Maquiavel viajou pela neve até Bologna, onde manteve um olho apreensivo nos movimentos das tropas imperiais acampadas a uma curta distância. Ele permanecia otimista sobre as chances de Florença se salvar de um ataque. No início de março, ele informou à Signoria que "nenhum homem sensato" poderia supor que os soldados entrassem na Toscana por causa da dificuldade das estradas e da escassez de alimentos. "Eles morreriam de fome em dois dias", previu confiante. Chuvas fortes e nevascas também fustigaram as tropas imperiais — obstáculos que Maquiavel afirmava terem sido "mandados pelo Todo-poderoso".

Os esforços do Todo-poderoso, entretanto, foram anulados pelo seu representante na terra. Notório pela ambiguidade e indecisão, Clemente tinha inspirado o poeta Francesco Berni a satirizar o seu papado, dois anos antes, como sendo um de "senões, aindas e talvez,/ de muitas palavras que sempre dão em nada". Fiel à reputação, Clemente mudou de ideia mais uma vez. Na metade de março, quando os soldados inimigos estavam presos num terreno pantanoso por causa de uma tempestade, a apenas 16 quilômetros de Bologna, ele ofereceu uma nova trégua. Dessa vez, sua oferta — miseráveis 60 mil ducados — causou indignação e revolta no acampamento imperial. Frundsberg já havia sofrido um derrame enquanto tentava, em vão, controlar seus soldados indisciplinados, e parecia pequena a chance de que a fome do batalhão, ou seu ódio selvagem ao papa, pudessem ser apagados por preço tão barato. Maquiavel suplicou que a Signoria liberasse o dinheiro imediatamente para evitar "as maldades e perigos iminentes", mas em poucos dias ficou claro para todos, menos para o papa — que tolamente dispensou os Bande Nere de Roma — que a trégua estava condenada ao fracasso. Gravemente enfermo, Frundsberg foi carregado de volta para morrer em terras alemãs, enquanto suas tropas esfarrapadas e famintas clamavam por seguir em frente sob o comando do duque de Bourbon. Virtualmente fora de controle, elas levantaram acampamento em 31 de março e começaram a marchar na direção de Florença, à qual, como Maquiavel relatou alarmado à Signoria, "eles miram como a sua presa".

Maquiavel havia passado muito tempo — o verão anterior na Lombardia — se preocupando com Barbera Fiorentina. Ele escreveu a Jacopo Falconetti pedindo notícias dela, e até induziu alguns amigos influentes, como Francesco Guicciardini, a cuidarem dos interesses dela, uma vez que "ela me causa mais preocupação do que o imperador". Na primavera de 1527, porém, talvez sentindo que o fim estava próximo, os pensamentos de Maquiavel se voltaram para a família — para sua esposa, as duas filhas e os cinco filhos; o mais novo, Totto, era apenas um bebê sob os cuidados de uma ama de leite.

Naturalmente, Maquiavel se preocupava com o que aconteceria com sua família, caso os soldados invadissem a Toscana. A fazenda em Sant'Andrea in Percussina, na estrada principal entre Florença e Roma, estava extremamente vulnerável. A família, portanto, se mudou para Florença e começou a cuidar do transporte de seus bens, incluindo 23 barris de vinho e azeite de oliva, para um lugar mais seguro na cidade murada de San Casciano. Até mesmo as camas foram levadas da fazenda, para não dar aos eventuais invasores o luxo de uma noite bem dormida. Se os soldados imperiais atacassem Florença, Maquiavel assegurou a Marietta, ele voltaria imediatamente à cidade para ficar ao lado da família. "Cristo guarde a todos vocês", ele escreveu.

De todos os seus filhos, Maquiavel parece ter sido mais próximo de seu filho adolescente, Guido. Em 2 de abril, ele escreveu uma longa carta ao menino, incentivando-o a ir bem nos estudos ("se esforce para aprender as letras e a música") e prometendo fazer dele "um homem de boa posição, se você estiver disposto a fazer a sua parte". Ele ofereceu também um conselho tocante sobre agronomia. Um dos animais de Maquiavel em Sant'Andrea in Percussina, uma jovem mula, havia enlouquecido. Leve o animal para o campo aberto, Maquiavel aconselhou a Guido, e, lá, retire o bridão e o cabresto para que o coitado possa "recuperar a sua própria maneira de ser e sair de sua loucura. O vilarejo é grande e o animal é pequeno". Guido logo relatou que a mula seria solta no prado assim que o capim tivesse crescido. Ele contou orgulhoso que estava aprendendo particípios de latim e memorizando o primeiro livro de Ovídio, *Metamorfoses*, que pretendia recitar para seu pai logo que este regressasse. Marido e pai ausente com frequência, Maquiavel de repente ansiava para encontrar de novo a família. "Eu nunca desejei tanto voltar para Florença como agora", ele disse a Guido numa carta de Imola. Mas não teve que esperar muito, pois, finalmente, em 22 de abril, ele chegava em casa após uma ausência de mais de dois meses.

A ameaça das tropas de Bourbon evaporou poucos dias depois do regresso de Maquiavel. Florença foi milagrosamente poupada quando o exército imperial contornou a cidade, julgando que as fortificações eram difíceis demais de serem atravessadas sem artilharia. Um prêmio maior e mais fácil aguardava Bourbon e seus 22 mil soldados vorazes. Eles começaram a marchar rapidamente para o sul, cobrindo 32 quilômetros por dia, e em 4 de maio alcançaram as muralhas de Roma. Bourbon exigiu do papa 300 mil ducados para convencer seus soldados a voltarem para casa. A exigência foi recusada e o ataque a Roma começou ao alvorecer de segunda-feira, 6 de maio. Bourbon foi morto fora dos muros por uma bala de mosquete (disparada segundo a lenda pelo ourives Benvenuto Cellini), mas suas tropas tomaram de assalto a cidade sem praticamente resistência alguma. O papa fugiu para o Castelo Sant'Angelo com milhares de romanos; os que permaneceram nos arredores foram roubados, sequestrados para resgate, ou estuprados, na medida em que os invasores abriam caminho em direção aos palácios e conventos, à procura de despojos e mulheres. As palavras de Lutero podiam estar ressoando nos ouvidos de alguns dos Landsknechts, pois ele havia denunciado o que chamava de "filhotes romanos de Sodoma", a quem ele incentivava seus seguidores a "atacar com todo tipo de armas e lavar nossas mãos em seu sangue".[1] Ainda assim, as tropas católicas entre os invasores se conduziram de forma tão abominável quanto os alemães. Os espanhóis violaram e pilharam o túmulo de Júlio II, enquanto os italianos — tropas pagas por Pompeo Colonna, inimigo do papa — saquearam e mataram à vontade. Pelo menos 10 mil pessoas morreram nos dias que se seguiram, e muitos tesouros, sagrados e profanos, se perderam para sempre, incluindo a cruz de ouro de Constantino e a tiara incrustada de joias de Nicolau V.

Maquiavel deve ter ficado estarrecido quando as notícias do saque chegaram a Florença em 11 de maio. Sua descrição em *O Príncipe* do estado lastimável da Itália — "sem líder, sem lei, esmagada, espoliada, invadida" — nunca havia sido tão relevante. Enxergado agora como um fiel servidor dos Medici, ele foi mandado imediatamente à Civitavecchia, 56 quilômetros a nordeste de Roma, onde deveria ajudar na retirada do papa daquela região, junto com Andrea Doria, almirante da frota papal. Clemente pôde ser resgatado com vida, mas em Florença seu governo estava liquidado. Com uma semana do saque em Roma, em 16 de maio, o governo Medici, supervisionado desde a eleição de Clemente por Silvio Passerini, o cardeal de Cortona, desabou. Uma república com base mais ampla foi prontamente instituída, com o Grande Conselho do Povo e os Dez da Liberdade e da Paz restituídos. Voltando a Florença poucos dias depois, Maquiavel foi ouvido se lamentando "muitas vezes" ao saber que a cidade estava livre. Seu lamento não era pela liberdade restaurada da cidade, pelo retorno ao modelo de governo popular defendido por ele em obras como os *Discursos*. Ele se desesperava por suas poucas perspectivas no novo regime. Obstinado em perseguir durante tantos anos um salário dos Medici, subitamente, ele tinha motivo para deplorar este vínculo conquistado a duras penas. A Fortuna tinha descarregado outro golpe cruel.

Os temores de Maquiavel por seu futuro provaram ter fundamento. Ele esperava retornar ao seu gabinete na chancelaria, mas apesar da intervenção de velhos amigos como Zanobi Buondelmonti e Luigi Alamanni, ambos de volta do exílio, o cargo de segundo chanceler foi para outra pessoa. Como em 1512, não haveria lugar para Maquiavel nos corredores do poder. Esta última decepção, antecedida pelo choque do ataque brutal à Roma, parece ter abalado sua constituição física até então habitualmente forte. No meio do mês de junho, caiu doente com problemas estomacais e dores de cabeça. Ele tratou a enfermidade com pílulas — uma mistura de aloe vera, açafrão e mirra — que o curara em crises anteriores. Desta vez, porém, o remédio pode ter feito mais mal do que bem, porque sua saúde se deteriorou rapidamente. Amigos como Zanobi e Luigi, assim como Filippo Strozzi, correram para ficar ao seu lado.

Embora muito doente, "Machia" conseguiu de alguma maneira fazer seus amigos rirem com uma última história. Ele lhes contou um sonho onde tinha visto uma procissão de pessoas pobres e muito magras. Quando perguntou quem elas eram, responderam que eram santos no caminho para o Paraíso. Na direção contrária vinha um grupo de homens com aparência totalmente diferente, vestidos com roupas da corte e discutindo, empolgados, assuntos de Estado. Ele enxergou filósofos e escritores da antiguidade como Platão, Plutarco e Tacitus. Indagados para onde estavam indo, disseram que estavam a caminho do Inferno. Maquiavel não estava em dúvida, como gracejou para seus amigos, sobre que companhia ele preferia. Como Calímaco exclama em *A Mandrágora*: "Quantos homens excelentes foram para o Inferno! Por que você sente vergonha de ir pra lá também?"

A despeito desta bravata no leito de morte, Maquiavel tomou as devidas precauções com a sua alma. Um frade, irmão Mateus, ouviu sua confissão e ministrou os sacramentos finais. De acordo com seu filho Piero, então com 13 anos, irmão Mateus ficou ao lado de seu pai até o fim. O fim chegou rapidamente, e no solstício de verão, em 21 de junho, Maquiavel vestiu a túnica e entrou, espera-se, na venerável corte dos antigos.

CONCLUSÃO

A ARTE DA GUERRA foi a única das obras de Maquiavel a ser publicada durante sua vida. Embora tenha circulado em manuscrito, *O Príncipe* só veio a ter uma cópia impressa mais de quatro anos depois de sua morte. No verão de 1531, o papa Clemente VII deu permissão a Antonio Blado — o maior impressor de Roma durante o século XVI — para publicar a obra, junto com os *Discursos* e *A História de Florença*. A edição de Blado apareceu no princípio de janeiro de 1532, ano em que Clemente consentiu que a Giunti, uma empresa gráfica florentina, preparasse seus próprios exemplares; a edição florentina foi publicada em maio de 1532. Obras que até aquele ponto eram acessíveis apenas a um grupo seleto então se tornaram disponíveis para um público amplo.

O Príncipe havia proporcionado a Maquiavel uma certa notoriedade em vida. "Todo mundo o odiava por causa de *O Príncipe*", um comentarista observou por volta da época da morte de Maquiavel. "Os bons o viam como pecador, os maus o viam como mais perverso ou mais capaz do que eles — de forma que todos o odiavam."[1] Sem dúvida, isto era um exagero: Maquiavel era muito mais conhecido como dramaturgo popular e funcionário público um tanto controverso, do que como autor de um tratado sobre o estadismo. Nas décadas seguintes, todavia, o ódio começou a crescer. Vinte e cinco anos após sua publicação, o papa Paulo IV colocou *O Príncipe* na classificação mais severa do *Index librorum prohibitorum*, a lista de livros banidos pela Igreja; e, pelo fim do século, Maquiavel tinha se tornado, entre alguns, uma encarnação quase mítica do mal, e seu nome, um sinônimo de hipocrisia e ateísmo. Dramaturgos elisabetanos como Christopher Marlowe e William Shakespeare usaram o nome de Maquiavel para criar um vilão diabólico no palco. *O Judeu de Malta*, de Marlowe, que estreou em 1591, começa com um prólogo recitado por um personagem chamado "Machevill", que conta estar apresentando a tragédia de um judeu chamado Barrabás que se enriqueceu ao seguir os ensinamentos de Maquiavel. O que se segue é uma exibição de ambição, avareza, traição e assassinatos em grande escala pelo psicopata Barrabás, que termina num caldeirão de óleo fervente.

Uma vez que *O Príncipe* só seria traduzido para o inglês em 1640, Marlowe e Shakespeare devem ter absorvido muito da imagem diabólica de Maquiavel da tradução de 1577 feita por Simon Patericke do *Contre-Maquiavel*, uma obra do francês protestante Inocent Gentillet. Ressaltando que a rainha da França, Catarina de' Medici, era filha do homem a quem Maquiavel dedicara *O Príncipe*, Gentillet culpou as doutrinas de Maquiavel pelo Massacre do Dia de São Bartolomeu, em agosto de 1572, quando milhares de protestantes franceses foram assassinados por hordas de católicos. O Massacre do Dia de São Bartolomeu não foi a primeira e nem a última atrocidade pela qual Maquiavel levou a culpa. Já em 1539, um cardeal inglês, Reginald Pole, condenara Maquiavel como "um inimigo da raça humana", argumentando que a dissolução dos mosteiros por Henrique VIII acontecera em função de sua leitura secreta de Maquiavel. Mais tarde, foi dito que uma tradução turca de *O Príncipe* tornou os sultãos mais sedentos do que nunca para estrangular os próprios irmãos.

Independentemente de Catarina de' Medici, Henrique VIII e os sultãos turcos terem se inspirado em *O Príncipe*, Maquiavel já sofreu mais do que qualquer outro autor de culpa por associação. Lorenzo di Piero de' Medici pode ter desprezado o livro em 1516, mas desde então poucos ditadores ou tiranos ignoraram suas lições. Oliver Cromwell possuía uma cópia manuscrita; uma edição muito revista da obra acompanhou Napoleão Bonaparte na Batalha de Waterloo; e Adolf Hitler confessou manter um exemplar em sua mesa de cabeceira. Não é de admirar que Henry Kissinger tenha negado veementemente numa entrevista em 1972 a influência das doutrinas de Maquiavel. Outros foram menos reticentes: os chefões da Máfia, Carlo Gambino e John Gotti, se declararam alunos ávidos de Maquiavel, e o falecido consultor do Partido Republicano, Lee Atwater — conhecido por seus golpes baixos nas campanhas eleitorais dos anos 1980 —, se vangloriava de ter lido *O Príncipe* 23 vezes. Quando o também falecido *rapper* norte-americano Tupac Shakur desejou um novo e assustador cognome, ele se batizou de "Makaveli", em homenagem ao homem cujas obras ele estudou durante seus 11 meses na prisão em 1995.

O nome de Maquiavel se tornou, certamente, no imaginário popular, uma alcunha para deslealdade e hipocrisia. O dicionário de língua inglêsa *Oxford* define "machiavellian" como "um criador de intrigas, um manipulador inescrupuloso". O termo é até mesmo usado por psicólogos para descrever uma personalidade caracterizada pela arrogância, desonestidade, cinismo e manipulação.[2] Mas nem todos concordam que estes pejorativos caracterizam corretamente o pensamento de Maquiavel. Na longínqua década de 1640, o francês Louis Machon escreveu *Apologie pour Machiavelle*, sustentando que o autor de *O Príncipe* era na verdade um malcompreendido moralista cristão. Um livro de Giuseppe Prezzolini, de 1954, intitulado sarcasticamente de *Machiavelli anticristo* defendia que a discriminação religiosa e política, acrescida da mais pura ignorância, conspiraram para fazer dele o pensador mais incompreendido da história; e 50 anos mais tarde, Maquiavel ainda era, de acordo com o subtítulo de um livro de Michael White, "um homem incompreendido".

De fato, Maquiavel tem desfrutado há muito tempo de uma reputação eminente, de enorme contraste com a imagem unidimensional de vilão de teatro, desleal e manipulador. Imediatamente antes do apogeu de Marlowe e Shakespeare, ele foi exaltado em 1585 pelo jurista italiano Alberico Gentili, mais tarde *professor Regius* de direito civil na Universidade de Oxford, como um homem de prudência e sabedoria que defendia a democracia e repudiava a tirania. Para Denis Diderot e Jean-Jacques Rousseau (ambos entendiam *O Príncipe* como uma sátira),[3] Maquiavel era um defensor do regime republicano e da liberdade, enquanto Benedetto Croce e Leo Strauss o batizaram como fundador da nova ciência da política. Durante o Risorgimento, Maquiavel foi exaltado como patriota e defensor da unificação italiana, uma visão sustentada mais recentemente (e com mais sofisticação) por historiadores e cientistas políticos como Garrett Mattingly, Eric Vögelin e Maurizio Viroli. Outros cientistas políticos o celebraram como um dos fundadores do pensamento moderno ocidental, cujo legado não é violência e traição, mas teorias de republicanismo clássico, liberdade política e virtude cívica que influenciaram, entre outros, os autores da Constituição norte-americana.[4]

Maquiavel é, com certeza, um pensador complexo cujos textos não sustentam a visão popular dele como mensageiro de uma doutrina de conquista através de estratagemas condenáveis. Mesmo assim, sua complexidade já gerou uma quantidade enorme de interpretações. Um ensaio publicado em 1971 por Isaiah Berlin no *New York Review of Books* contabiliza cerca de vinte leituras amplamente divergentes de *O Príncipe*, desde a definição de Bertrand Russell como "um manual para gângsteres", até o elogio de um autor bolchevique pela síntese dialética da obra das realidades de poder que fazem dela precursora de Marx e Lênin. "Que outro escritor", pergunta Berlin, "conseguiu levar os leitores a divergirem sobre seus propósitos de maneira tão extensa e profunda?" Mais interpretações foram acrescentadas após 1971, incluindo a de uma intrigante leitura feminista que enxerga a obra como um "drama de família": contrapondo apreensivamente os empreendimentos masculinos como a lei e a política contra a volátil e sombria atividade feminina da Fortuna.[5]

Maquiavel não tem sido, portanto, demonizado ou injustamente malcompreendido de maneira universal — pelo menos entre seus leitores mais esclarecidos — como pregador da mensagem direta do mal. Ao contrário, é recrutado por partidários de várias correntes políticas, ávidos por desfraldarem sua bandeira em prol de suas causas. Que pensadores do Iluminismo como Diderot e Rousseau tenham encontrado em Maquiavel um porta-voz para a liberdade política; que patriotas italianos do século XIX o enxergassem como defensor ardente da unificação da Itália; que os bolcheviques o saudassem como um precursor do marxismo-leninismo; que uma feminista acadêmica da segunda metade do século XX tenha encontrado em seus textos ansiedades pela ameaça feminina ao poder masculino — estas e outras interpretações sugerem que o pensamento de Maquiavel é estranhamente útil a várias ideologias e abordagens diametralmente opostas. A multiplicidade e sofisticação destas apropriações atestam a multiplicidade e sofisticação de seus textos.

A diversidade das interpretações aponta, igualmente, para as numerosas antinomias de Maquiavel. Seus textos abundam em contradições que os cientistas políticos mais perspicazes ainda lutam para conciliar. Maquiavel era realmente um teórico do despotismo mão de ferro? Ou era ele um patriota republicano que exaltava liberdade e governo popular? Muitas das afirmações em *O Príncipe* contrastam de maneira inegável com as afirmações nos *Discursos* — obras que são, elas mesmas, repletas de contradições internas.

A chave para algumas destas ambiguidades pode estar na natureza mesma do próprio homem. As diversas ocupações de Maquiavel — diplomata, dramaturgo, poeta, historiador, teórico político, fazendeiro, engenheiro militar, capitão de milícia — fazem dele, como de seu amigo Leonardo da Vinci, um verdadeiro homem da Renascença. Porém, assim como Leonardo, que denunciava a "insanidade bestial" da guerra enquanto projetava armas ingeniosas e mortais, a obra de Maquiavel está repleta de paradoxos e inconsistências. Ele era um pensador notavelmente moderno que abriu caminho para uma ciência da política, porém, também confiava facilmente em astrólogos e videntes. Ele era um amante da liberdade que acreditava que nossa liberdade de agir estava severamente restringida pela lei da necessidade. Ele escreveu tratados aconselhando líderes a como governar, ao mesmo tempo em que esperava que eles agissem sempre e inevitavelmente de acordo com suas próprias naturezas ingovernáveis. Era um defensor do republicanismo, pronto para oferecer seus serviços para a família que desmantelou a república florentina e suprimiu suas liberdades. Admirava a dissimulação (e até escreveu um poema em louvor à decepção), muito embora ele mesmo fosse incapaz de bajular ou trapacear.

Provavelmente sua maior contradição foi ter entendido melhor do que ninguém no século XVI como se apoderar de poder político e mantê-lo — embora ele mesmo tenha sido destituído do poder em 1512, passando muitos anos no ostracismo, fazendo uma série de tentativas frustradas para recuperar a posição. O homem que popularizou a noção de que a Fortuna poderia ser subjugada oferece uma triste ilustração do que ele certa vez chamou de "a grande e remitente crueldade" da deusa.

Esta batalha contra a Fortuna foi uma constante, tanto na vida como na obra de Maquiavel. "Como a má sorte me atormenta!", o personagem Cleandro se queixa na peça *Clizia*. "Eu pareço ter nascido para nunca conseguir o que quero." Estas palavras podiam ter servido como o epitáfio de Maquiavel. Mas seu túmulo recebeu uma inscrição diferente. Em 22 de junho de 1527, ele foi sepultado ao lado de seu pai na igreja de Santa Croce em Florença. Séculos depois, em 1787, uma grande tumba nova no corredor sul foi esculpida para ele por Innocenzo Spinazzi. A poucos passos das tumbas de Michelangelo, Galileu e Leonardo Bruni, o monumento de mármore contém uma figura alegórica da Diplomacia sobre a honrosa inscrição TANTO NOMINI NVLLVM PAR ELOGIVM: "Nenhuma elegia pode se igualar a este nome." A Fortuna, pelo menos na posteridade, não tratou Maquiavel tão mal no final das contas.

Agradecimentos

Meus agradecimentos se devem ao professor William R. Cook, dr. Mark Asquith, Larry Goldstone, Nancy Goldstone e meu agente Christopher Sinclair-Stevenson, que me ofereceram comentários e conselhos nas versões iniciais do texto. Lauro Martines respondeu gentilmente a muitas de minhas perguntas, e Gary N. Curtis me ofereceu conselhos sobre falácias de lógica. Sou grato também a James Atlas, Jessica Fjeld e Janet Min Lee pelo empenho e esforços em meu favor. Acima de tudo, eu agradeço à minha esposa Melanie, que felizmente contradiz as opiniões de Maquiavel sobre o casamento.

Notas

Capítulo 1

1. Francesco Guicciardini, *The History of Italy*, trad. Sidney Alexander (Nova York: Macmillan, 1969), p. 127. Sobre as "lagartas do frei Girolamo", ver Luca Landucci, *A Florentine Diary from 1450 to 1516*, ed. Iodoco del Badia, trad. Alice de Rosen Jervis (Londres: J.M. Dent & Sons, 1927), p. 144-45.

2. James B. Atkinson e David Sices, eds., *Machiavelli and His Friends: Their Personal Correspondence* (DeKalb, Illinois: Northern Illinois University Press, 1966), p. 222. Todas as demais citações das cartas pessoais de Maquiavel serão desta edição.

3. Catherine Atkinson, *Debts, Dowries, Donkeys: The Diary of Niccolò Machiavelli's Father, Messer Bernardo, in Quattrocento Florence* (Frankfurt: Peter Lang, 2002), p. 154.

4. Para o manuscrito de Lucretius, ver Sergio Bertelli, "Noterelle Machiavelliane: Un Codice di Lucrezio e Terenzio", *Rivista Storica Italiana* 73 (1961), p. 544-53.

5. Não há evidência sólida de que a oposição de Maquiavel a Savonarola, embora reconhecida por seus amigos, fosse conhecida publicamente. Sobre estes assuntos, ver Nicolai Rubinstein, "The Beginnings of Niccolò Machiavelli's Career in the Florentine Chancellery", *Italian Studies* 11 (1956), p. 72-91; e Nicolai Rubinstein, "Machiavelli and the World of Florentine Politics", em *Studies on Machiavelli*, ed. Myron P. Gilmore (Sansoni: Florença, 1972), p. 6.

6. Nicolai Rubinstein, *The Palazzo Vecchio, 1298-1532: Government, Architecture and Imagery in the Civic Palace of the Florentine Republic* (Oxford: Clarendon Press, 1995), p. 50. Este afresco da Roda da Fortuna foi há muito tempo destruído.

Capítulo 3

1. A prova desta história atraente foi recentemente contestada por Catherine Atkinson, que defende que o episódio na verdade aconteceu muito mais tarde, em 1584, e envolveu outro Bernardo Maquiavel, isto é, o filho de Nicolau que foi confundido por alguns biógrafos com seu avô: ver *Debts, Dowries, Donkeys*, p. 135-36.
2. *Legazioni e commissarie*, 3 vol., ed. Sergio Bertelli (Milão: Feltrinelli, 1964), vol. 1, p. 70. Todas as demais citações da correspondência diplomática de Maquiavel serão desta edição.
3. Citado em Felix Gilbert, *Machiavelli and Guicciardini: Politics and History in Sixteenth-Century Florence* (Princeton: Princeton University Press, 1965), p. 33. Deveria ser ressaltado, como atenuante, que esse sistema político serviria a Florença por mais de duzentos anos, uma indicação de que ele proporcionou uma forma suficientemente estável de governo. Os *signori* eram assistidos por outros conselhos, cujos membros eram investidos de mandatos mais longos, que por causa das eleições alternadas, se sobrepunham a ela. Leonardo Bruni, em *Laudatio Florentinae Urbis*, escrito em torno de 1403, referiu-se com louvores à "diligência" e à "competência" desse tipo de governo.

Capítulo 4

1. *Inferno*, XXVII, linhas 37-38. Aqui e em outras partes do texto, eu uso a edição de *A Divina Comédia* traduzida para o inglês por C. H. Sisson (Oxford: Oxford University Press, 1993).

Bibliografia escolhida

The Comedies of Machiavelli, ed. e trad. James B. Atkinson e David Sices (Hanover, N.H.: University Press of New England, 1985).

Machiavelli and His Friends: Their Personal Correspondence, ed. e trad. James B. Atkinson e David Sices (DeKalb, Ill.: Northern Illinois University Press, 1996).

Machiavelli: The Chief Works and Others, 3 vols., trad. Allan Gilbert, (Durham, N.C.: Duke University Press, 1965).

Machiavelli, Niccolò, *Legazioni e Commissarie*, 3 vols., ed. Sergio Bertelli (Milão: Feltrinelli, 1964).

Machiavelli, Niccolò, *The Prince*, trad. George Bull (Londres: Penguin, 1999).

Ridolfi, Roberto, *The Life of Niccolò Machiavelli,* trad. Cecil Grayson (Chicago: University of Chicago Press, 1963).

Villari, Pasquale, *Niccolò Machiavelli e i Suoi Tempi Illustrati con Nuovi Documenti*, 3 vols. (Florença: Le Monnier, 1877-82).

Conheça mais sobre nossos livros e autores no site
www.objetiva.com.br

Disque-Objetiva: (21) 2233-1388

markgraph

Rua Aguiar Moreira, 386 - Bonsucesso
Tel.: (21) 3868-5802   Fax: (21) 2270-9656
e-mail: markgraph@domain.com.br
Rio de Janeiro - RJ